야구로 배우는
자기계발

야구로 배우는 자기계발

ⓒ 신택현, 2011

1판 1쇄 인쇄 ∥ 2011년 4월 25일
1판 1쇄 발행 ∥ 2011년 4월 30일

지은이 ∥ 신택현
펴낸이 ∥ 홍정표
이 사 ∥ 양정섭
디자인 ∥ 김미미
기획·마케팅 ∥ 조기호 최관호 주재명 노경민 김현아 김민영
경영지원 ∥ 최정임

펴낸곳 ∥ 세림출판
등 록 ∥ 제6-792호
공급처 ∥ (주)글로벌콘텐츠 출판그룹
주 소 ∥ 서울특별시 강동구 길동 349-6 정일빌딩 401호
전 화 ∥ 02-488-3280
팩 스 ∥ 02-488-3281
홈페이지 ∥ www.gcbook.co.kr
이메일 ∥ edit@gcbook.co.kr

값 10,000원
ISBN 978-89-92576-37-6 03320

· 이 책은 본사와 저자의 허락 없이는 내용의 일부 또는 전체를 무단 전재나 복제, 광전자 매체 수록 등을 금합니다.
· 잘못된 책은 구입처에서 바꾸어 드립니다.

야구로 배우는
자기계발

신택현 지음

세림출판

머리말

우리 인생을 흔히 야구와 같다고 한다.

야구에는 9개의 포지션이 있으며 4개의 주루가 있다.
1루(First Base), 2루(Second Base), 3루(Third Base), 홈(Home Base). 이러한 주루들을 자기계발 차원에서 표현해 보면, 1루는 트렌드(Trend) 관리, 2루는 변화(Change) 관리, 3루는 자기(Self) 관리, 홈은 우리 인생에서 목표(Goal) 관리에 해당이 된다고 말하고 싶다.

아무리 주자가 주루에 있다 할지라도 제 역할을 못하면 안되는 것처럼 우리 인생에서도 자기계발을 하지 못하면 아무리 능력이 뛰어나다 하더라도 어떠한 것도 이룰 수 없다.

한자 숙어에 魚遊釜中(어유부중)이란 말이 있다.
물고기가 가마솥 안에서만 논다는 의미로 목숨이 붙어있긴 하지만 생명력이 짧다는 뜻이다.

하루가 멀다고 빠르게 변화하는 시대에서 자기계발을 하지 않으면 '魚遊釜中'이 될 수 있음을 알아야 한다.

21C 자기계발의 핵심은 전략적 사고와 프로정신을 통하여 지금의 자신에 대한 현실 안주와 매너리즘을 타파하고, 시대적 환경변화와 트렌드(Trend)를 이해함으로써 변화의 시대에 변화의 속도와 방향을 잘 파악하고, 개인의 능력계발과 자신의 목표를 효과적으로 수립하여 탁월한 프로정신과 자기혁신을 실현하는 것이다.

잔잔한 바다는 유능한 선장을 만들 수 없다. 스스로가 변하지 않고 자기계발을 위해 부단히 노력하지 않으면, 한 치 앞을 내다볼 수 없는 시대에서 도태된다는 것을 다시 한 번 명심하길 바라며 이 책이 경쟁의 시대를 살아가는 모든 사람들에게 귀중한 지침서로 활용되기를 바란다.

2011년 4월
신 택 현

contents

머리말 — 4

프롤로그

자기계발 5대 핵심요소 — 12
인재의 중요한 요건 — 17
현대사회는 6C의 시대 — 23
지금은 의식전환이 필요 — 24

1st Base 트렌드 관리

시대적 환경의 변화 — 28
글로벌 시대의 특징 — 30
콘텐츠 다이아몬드 컬러 시대 — 34
시장 패러다임 — 36
급변하는 IT 생태계 — 39
IT 경쟁력 — 42
소셜 비즈니스 환경 — 43
스마트 워킹 — 44

21C 키워드 47
21C 트렌드 51
• 생각해 봅시다 53

2nd Base 변화 관리

필변즉생 불변즉사 56
변화는 생존코드 59
변화의 속도와 방향 65
변화를 위한 7가지 대응력 68
변화의 핵심은 교육 74
스피드 시대 경쟁의 요소 79
• 생각해 봅시다 82

3rd Base 자기 관리

가치 있는 삶 86
자기관리를 위한 진단 88
셀러던트 시대 자기점검 90

contents

21C 자기관리 — 92
자신을 좀먹게 하는 3가지 요인 — 95
3C형 인간, 3P형 관리 — 97
자기경영 8가지 — 101
자기분석(SWOT) — 106
- 생각해 봅시다 — 109

Home Base 목표 관리

목표에 대한 코칭 — 112
목표의 중요성 — 113
양로원 통계조사 — 115
열정의 삶 — 116
백만장자들의 공통점 — 119
목표달성 프로세스 — 122
9단계 목표설정 기법 — 124
- 생각해 봅시다 — 127

에필로그

Specialist, Generalist, Multiplayer —— 130
일 잘하는 사람은 무엇이 다른가? —— 131
준비의 중요성 —— 139
브리태니커 회사의 직원 신조 —— 140
나의 좌면 —— 141
성공을 위한 행동계획 —— 142

부록

저자 프로필, 강의 분야, 강의 경력
강의 안내, 강의 사진
추천의 글

프롤로그

21C 경쟁의 시대에는 프로만이 인정받을 수 있다.
진정한 프로들은
자신만의 차별화와 확실한 핵심전략들을 습득하여
개인의 능력계발을 도모한다.

자기계발 5대 핵심요소

성공한 사람들의 공통점을 조사해보면 자기계발이라는 항목이 나온다. 자기계발은 자신의 발전은 물론이거니와 경쟁의 시대에 인정을 받을 수 있고, 개인의 성공을 위해서도 반드시 필요하다.

자기계발 5대 핵심요소는
몰입, 태도, 긍정의 마인드, 좋은 습관, 협력이다.

몰입

우리가 최고가 되기 위해서는 몰입할 수 있는 능력을 갖추어야 하며, 무슨 일이든지 몰입하는 사람들은 그 분야에 최고가 될 수 있다. 그래서 몰입이 중요하다.

사마천의 『사기』에 보면 삼망(三忘)이라는 단어가 나온다. 이는 전쟁터에서는 가정을 잊고, 싸움에 임할 때는 부모를 잊고, 공격의 북소리를 들을 때는 자신을 잊으라는 뜻이다. 어떠한 일을 할 때 그 일에 완전히 몰입하라는 것이다.

우리 주변의 성공한 사람들을 살펴보면 그 사람들도 처음부터 성공한 것이 아니라 남과 다른 것이 있었기에 성공을 하였을 것이다. 저자가 현대자동차에 재직할 때 자동차 판매왕을 여러번 수상(1987, 1991, 1992년)하였다. 이것은 결코 우연히 했던 것이 아니다. 저자는 자동차 영업에 완전히 미쳤으며 몰입하였을 뿐 아니라 취미가 영업이었고 특기가 고객관리였다.

미국의 반도체 제조회사인 '인텔' 본사 입구에는 'Only the paranoids survive'라는 문구가 걸려 있다. 이 말은 '미친 사람들만이 살아남는다'는 뜻이다. 몰입은 그 분야에 완전히 미친다는 말이며, 몰입이 성공을 부른다는 것을 기억해야 한다.

태도

비즈니스 대인관계에서 가장 중요한 것을 하나만 고르

자면 그것이 바로 태도다. 태도는 대인관계에서도 중요하지만 자기계발에 있어서도 아주 중요한 단어이다.

아무리 선천적인 능력이 뛰어나고 후천적인 노력으로 인하여 월등한 실력을 갖추었다 하더라도 상대를 대하는 태도가 적극적이지 못하면 좋은 성과를 기대할 수 없다.

어느 한 업체에서 기업이 고객을 잃는 이유에 대해 설문조사를 하였는데 직원들의 태도로 인하여 68%가 고객을 잃는다는 결과가 나왔다. 이러한 수치를 보더라도 태도가 얼마만큼 중요한지를 상기하여야 한다.

브라이언 트레이시의 『판매의 원리』라는 책을 보면 이런 이야기가 나온다.

태도를 영어로 표기하면 'ATTITUDE'다. 이 알파벳을 'A는 1, B는 2…'의 순으로 아라비아 숫자에 대입하면 놀랍게도 100이 나온다.

$$A + T + T + I + T + U + D + E$$
$$1+20+20+9+20+21+4+5 = 100$$

이처럼 태도는 우리 삶의 모든 것이기에 항상 겸손한 태도를 지녀야 한다.

긍정의 마인드

사람은 누구나 자기의 마음 속에 긍정적인 면과 부정적인 면이 존재한다. 긍정적인 마음은 열정과 에너지를 만들며 부정적인 마음은 체념과 포기를 만든다.

마인드 코칭을 통하여 자기 스스로가 긍정적인 마인드를 형성하여야 하며 이러한 마인드 속에서 자신의 가치를 높여야 한다.

물의 종류는 약 250가지나 된다고 한다. 지하수, 생수, 암반수, 육각수, 심층수 등을 비롯한 여러 가지 물이 있는데 이 중에서 사람 몸에 가장 좋은 물은 육각수라고 한다.

그러나 아무리 좋은 물인 육각수를 마실지라도 내 안에서 불평, 불만, 불신이 가득하면 육각수의 효능이 나타나지 않으며 설령 지하수를 마실지언정 내 안이 긍정적이고 열정적인 마음이라면 육각수에 버금가는 효능이 나타난다고 한다. 이는 내가 어떠한 마음을 갖느냐에 따라 달라진다는 말이다.

좋은 습관

습관에는 동전의 양면처럼 좋은 습관과 나쁜 습관이 있다. 자기계발을 잘하기 위해서는 나쁜 습관을 버리고 좋은 습관을 지향해 나가야 한다.

습관은 행동을 유발시키며 더 나아가 우리 삶의 결과에 지대한 영향을 끼친다. 나쁜 습관을 버리고 작지만 좋은 습관을 지속적으로 실천해 나간다면 반드시 좋은 결과가 있을 것이다.

협력

이 세상에 독불장군은 없다. 사람 인(人)의 한자도 한 사람이 기울면 다른 사람이 받쳐준다는 형상이다. 인간은 서로 협력해야 좋은 성과를 낼 수 있다.

매년 스위스의 다보스에서 열리는 세계 경제인들의 모임인 다보스포럼에서도 '협력의 경제학(Collabonomics)'이 포럼의 주제가 된 적이 있다. 'Collabonomics'는 합성어로써 Collaboration(협력)과 Economics(경제)를 합성시킨 말이다. 이처럼 협력을 통하여 자기계발에 있어서도 시너지(synergy)를 내야 한다.

인재의 중요한 요건

　삼성경제 연구소에서 기업체 CEO 및 임원들을 대상으로 조사했던 자료에 의하면 인재의 중요한 요건을 7가지로 요약하여 '변화를 주도하는 능력, 창의력과 감성능력, 전문적인 지식과 능력, 강한 성취욕과 끈질긴 승부근성, 조직의 핵심적 가치관과 도덕성, 글로벌 비즈니스를 수행할 수 있는 능력, 사람을 끌어당기는 인간적 매력'이라고 하였다.

　이 '인재의 중요한 요건 7가지'를 저자의 관점에서 무엇이 핵심인지를 집어 보았다.

변화를 주도하는 능력

　변화의 시대에 말로만 변화를 외치지 말고 변화를 적극적으로 수용하고 주도하는 사람이 되라는 것이다.

창의력과 감성능력

이 시대는 개개인의 창의력을 요구하고 있다. 창조적인 생각이 창의력을 키운다. 창조적인 생각을 가지고 상대방과 좋은 관계를 유지하는 것이 중요하다.

우리나라 직장인들의 가장 큰 약점은 벤치마킹(Benchmarking)은 잘하지만 창의력이 부족하다는 것이다. 다시 말하면 남의 것을 잘 따라는 하지만 '창조력'이나 '창의력'이 부족하여 성과 창출을 극대화하지 못하는 것이다.

전문적인 지식과 능력

지금은 자기 분야의 일만 잘하는 사람을 전문가라고 부르지 않는다. 자기 직무와 관련하여 주변 분야의 다른 업무까지도 꿰뚫고 있어야 전문적인 능력이 있다고 할 수 있다. 전문적인 지식이 있는 사람들은 모든 일에서 성과를 내는 사람이며, 다방면에서 능력을 발휘하는 사람이다.

강한 성취욕과 끈질긴 승부근성

갈수록 경쟁 업체간 제품의 품질이나 기술의 격차가 줄어들고 있다. 소비자의 선택의 폭이 넓어졌기에 강한 성취욕을 가지고 끈질기게 승부근성을 발휘하는 사람만이 살아남을 수 있다.

조직의 핵심적 가치관과 도덕성

조직이 추구하는 핵심역량은 당연히 갖추어야 하며, 조직에서 요구하는 도덕성까지 문제가 없어야 한다.

최근 사회적 도덕성의 기준이 높아짐에 따라 나타나는 현상 중 하나로 장관직에 임명이 되었다 할지라도 청문회 때 도덕성에 문제가 되어 낙마하는 후보자들의 경우를 많이 본다. 이는 사회 고위층 인사에게 높은 수준의 도덕적 의무(Noblesse Oblige)와 책임을 요구하는 것이기에 철저한 자기관리를 통하여 사회적 윤리성은 물론 도덕성을 갖추어야 한다.

글로벌 비즈니스를 수행할 수 있는 능력

외국어 구사를 잘하는 것도 글로벌 비즈니스를 위한 능력이지만 여기서 말하는 글로벌 비즈니스 능력이란 성실함과 실력을 갖추고 전문성을 겸비하여 개인과 조직의 성과를 창출하는 것을 의미한다.

치열한 경쟁에서 자기계발을 잘하는 사람만이 조직에서

도 인정받고 자신의 가치를 인정받는다는 것을 기억해야 한다.

사람을 끌어당기는 인간적 매력

커뮤니케이션(Communication) 능력이 있어야 한다는 뜻으로 의사소통을 잘 해야 한다. 소통이 안 되면 먹통이 되듯이 인간적인 매력은 소통을 잘할 때 생기는 것이다.

커뮤니케이션은 악수에서부터 시작된다

대인관계에 성공한 사람들을 보면 악수를 참 잘 한다. 악수는 스킨십의 기본이며 이러한 스킨십이 상대방에게 매력을 전달할 수 있다.

또한 인간적인 매력은 상대방을 이기려고만 할 때 만들어지는 것이 아니라 때에 따라 멋지게 져줄 줄 알 때 상대방은 인간적인 매력을 느낀다. 이를 요약하면 다음과 같다.

당 당하게,
신 나게,
멋 지게,
져 주자(양보하자).

오늘부터 외치자.
당신멋져!

· 조직에서 신뢰받는 명품 인재상

1. 긍정적이고 도전적인 사람
2. 스스로 능력을 키우는 사람
3. 창의적인 사고를 가진 사람
4. 투철한 직업정신이 있는 사람
5. 회사가 뭘 원하는지 아는 사람
6. 행정적인 업무에도 완벽한 사람
7. 자기 맡은바 업무에 책임을 지는 사람

· 조직에서 사라지는 퇴출 인재상

1. 창의력이 없는 사람
2. 밤에만 생기 있는 사람
3. 자기계발에 게으른 사람
4. 변화를 주도하지 않는 사람
5. 이미 결정된 일에 불만이 많은 사람
6. 고정관념을 탈피하지 못한 사람
7. 주어진 업무처리에 미숙한 사람

현대사회는 6C의 시대

 현대사회를 Change(변화), Competition(경쟁), Customer(고객), Chaos(혼돈), Complexity(복잡성), Creation(창조)의 시대라고 한다.

 지금은 날마다 새로운 기술과 이론이 창조되는 Change(변화)의 시대다. 외부에 나가면 치열한 경쟁을, 안에 들어와서도 선의의 경쟁을 해야만 하는 Competition(경쟁)의 시대이며, 고객을 성공시켜야 내가 성공하는 Customer(고객)의 시대에 우리는 살고 있다.

 또한 너무나 복잡 다양한 Chaos(혼돈)의 시대, 갈수록 트위터, 페이스북 등 새로운 기술과 미디어에 적응하지 않으면 안되는 Complexity(복잡성)의 시대, 항상 새로운 것을 추구하는 Creation(창조)의 시대이기도 하다.

 이러한 6C의 시대는 열심히 했다는 것만으로 인정받는 시대가 아니며, 잘하는 것이 더욱 중요하다.

지금은 의식전환이 필요

 지금 우리가 사는 시대는 기술도 중요하지만, 기술보다 더 중요한 것이 바로 의식의 전환이다.

 의식은 생각이기에 의식이 바뀌면 인생이 바뀐다는 것을 인식해야 한다. 생각이 바뀌면 다른 세상이 보이듯이 의식을 바꾸면 또 다른 세상을 볼 수가 있다.

 성공하는 사람과 그렇지 못한 사람들의 차이는 적극적으로 의식전환을 했느냐 안했느냐의 차이이다. 부정적인 마인드를 긍정적의 마인드로, 나쁜 습관을 좋은 습관으로, 소극적인 생각을 적극적인 생각으로, 생각에만 머무르는 것을 행동으로 옮기는 것이 곧 의식전환이다.

 의식전환을 좀 더 구체화하여 표현하면 무엇인가를 해내고야 말겠다는 신념이다. 스스로가 동기부여를 할 수 있는 것이 의식전환이다.

 또한, 계획만 세우는 것은 무의미하며 확실한 목표를 세워서 반드시 이루겠다는 추진력을 가지고 의식전환을 통하여 자신과의 싸움에서 이겨야 한다.

  지금의 자신을 이기기 위해서는 스스로가 혁신을 해야 하며 이러한 혁신이 의식전환에서 반드시 이루어져야 한다.

1st Base 트렌드 관리

야구에서 1루는 아주 중요한 주루이다.
안타나 포볼(사사구)을 골라 진출할 수 있는 첫 번째 주루이자
1루에 진출하지 않고서는 점수를 올릴 수가 없을뿐더러
박진감 넘치는 경기를 펼칠 수도 없다.

자기계발 차원과 비교하면 시장의 흐름을 잘 파악해야 하는
트렌드(Trend) 관리가 이에 해당된다.
현재의 시장이 어떤 방향으로 가고 있는지를 이해하지 않고서는
좋은 계획과 전략을 수립할 수 없듯이
자신의 발전과 능력을 도모하기 위해서는
시대적 환경과 시장의 패러다임이 어느 방향으로 가고 있는지를
알아야 하고
21세기 핵심 키워드가 무엇인지를 인지해야 한다.

시대적 환경의 변화

농업화가 중심이었던 사회를 '농업화 사회',
동력이 중심이었던 사회를 '산업화 사회',
정보화가 중심이었던 사회를 '정보화 사회',
새로운 발상의 전환과 창조가 필요한 사회를
'창조화 사회',
공간을 초월하고 시간을 뛰어넘는 사회를
'스마트 사회'라고 한다.

21C 사회를 일컬어 세계화, 다양화, 차별화, 소프트(Soft)화, 창조화, 스마트화, 글로벌화, 지식기반화 시대라고 한다.

하지만 시대적 환경의 변화에서 가장 중요한 것은 '창조'와 '창의'다. 처음으로 만드는 것을 창조(創造)라고 한다면 새로운 의견을 생각해 내는 것이 창의(創意)다.

21C 핵심적 내용

- 세계화
- 다양화
- 차별화
- 소프트(Soft)화
- 창조화
- 스마트화
- 글로벌화
- 지식기반화

글로벌 시대의 특징

이제 세계는 하나의 거대한 시장이다. 글로벌 시대의 특징에는 여러 가지가 있겠으나 그중에서 특히 중요한 일곱 가지를 언급하고 싶다.

글로벌 금융시장의 불안

각 나라마다 주식펀드, 석유펀드, 곡물펀드 등 다양하게 금융을 활용하고 있지만 이러한 자본시장의 펀드들이 건전하게 활용되기보다는 투자자들의 이익을 대변하는 불건전한 투기성 투자가 지속되고 있다.

또한, 중동지역을 비롯하여 그동안 장기집권을 했던 나라들이 반정부 시위로 갈수록 상황이 악화일로에 있는데 이러한 사항도 우리 경제에 악영향을 끼친다. 그 영향의 이유로는 우리나라 기업들이 그 나라에 투자를 많이 했기 때문이다. 이처럼 세계 경제상황으로 볼 때도 모든 것이 '하나의 시장'임을 보여준다.

주요국의 경기둔화

그동안 세계 경제를 주도했던 미국, 일본을 비롯하여 유럽 선진국들의 경기침체가 계속되고 있다. 경기침체가 계속 되다보니 실업률도 올라가고 경기둔화로 인한 부작용들이 곳곳에서 나타나고 있다.

국제 곡물가격 상승

지금까지 세계 시장의 곡물가격은 안정세가 지속되었지만, 기후 이상과 관련하여 곡물가격이 점차 상승곡선을 그리고 있으며, 특히 대체연료로 사용되는 옥수수는 가격이 급등하고 있다.

기술적 진보의 가속화

최근 기술의 발달로 인하여 생산성이 크게 향상되고 있으며, 생산성 향상은 곧바로 공급 초과로 이어져 시장가격의 하락을 부추기기도 한다.

어제의 기술이 다르고 오늘의 기술이 다르듯이 기술의 발달은 하루가 멀다하고 가속화가 심화 되고 있다.

글로벌 경쟁의 강화

세계화는 치열한 경쟁이기도 하지만 글로벌 경쟁의 강화이기도 하다. 글로벌 경쟁의 핵심은 국가 간의 장벽 제거이다. 그 경쟁 속에서 살아남으려면 틈새시장을 개척하고, 블루오션을 찾아야 한다. 그리고 독점보다는 경쟁 속의 협력으로 승화시켜야 한다.

구매 트렌드 변화

최근 구매 트렌드의 변화는 항상 새로운 것을 찾는다는 것이다. 예전에는 유명한 명품 브랜드 및 제품을 선호하였지만, 지금은 유명 브랜드의 제품보다는 부담 없이 살 수 있고 새로운 것을 찾는 쪽으로 변화하고 있다.

SNS의 확산

소셜 네트워크 서비스(Social Network Service; SNS)의 가장 큰 특징은 언제, 어느 장소에서든지 비즈니스를 할 수 있어서 성과를 극대화 할 수 있다는 것이다. SNS의 도구로 주로 사용되는 트위터나 페이스북은 비즈니스 네트워크와 마케팅을 자유롭게 할 수 있고 홍보도 적극적으로 할 수 있다. 소셜 네트워크 서비스는 21C 비즈니스에 혁명을 불러왔다.

불확실성 요소

- 세계화 추세
- 글로벌 경쟁 강화
- 구매 트렌드 변화
- 주요국의 경기둔화
- 국제 곡물가격 상승
- 기술적 진보 가속화
- 글로벌 금융시장 불안
- SNS 확산

콘텐츠 다이아몬드 컬러 시대

21C는 콘텐츠의 시대다.

콘텐츠의 시대가 도래하기까지는 아날로그(Analog)와 디지털(Digital) 시대가 있었으며 시대마다 핵심적 가치관이 바뀌어 왔다.

아날로그 시대에는 많은 양의 지식을 가진 사람들이 인정받는 시대였으며 특히, 화이트 컬러(White Collar)가 주류 계층이었다. 디지털 시대에는 부가가치를 높이는 사람들이 인정을 받았으며 골드 컬러(Gold Collar)가 주류였다.

콘텐츠의 사전적 의미를 보면 '책, 논문 등의 목차나 내용'이라고 나와있다.

현재는 유무선 통신망 또는 방송망을 타고 흘러 다니는 여러 정보들을 지칭하는 말로 주로 사용된다.

콘텐츠의 시대에는 이렇게 무작위로 흘러 다니는 정보를 수집하고 재가공하여 자신이 하고 있는 일에 적극적으로 적용함으로써 성과 창출을 극대화하는 것이 중요하다.

콘텐츠 시대는 창의력과 창조성이 뛰어난 사람이 인정받는 시대다. 다양성을 추구하는 다이아몬드 컬러(Diamond Collar)가 주류임을 인식해야 한다.

다이아몬드를 구성하는 네 가지(4C) 요소는 투명도(Clarity), 무게(Carat), 색상(Color), 연마상태(Cut)이다.
이 4C를 인간에 대비하면 지력(智力), 체력(體力), 심력(心力), 노력(努力)을 의미한다.

지력(智力)은 지혜와 지식, 재능을 모두 겸비하여 전문성을 갖추는 것이고, 체력(體力)은 신체적인 건강을 통하여 보다 철저하게 자기관리를 잘하는 것을 말한다. 심력(心力)은 긍정적인 마인드를 가지고 더욱 적극적으로 몰입을 하는 것이고, 노력(努力)은 자기가 하는 일에 보람을 가지고 열심히 해야 한다는 것을 지칭한다.

시장 패러다임

과거와 현재의 시장 패러다임(Paradigm)을 비교하면 너무나 다르다는 것을 알 수 있다.

과거의 시장은 공급이 수요를 따라가지 못하는 공급자 중심의 시장으로 과업 달성만을 강조하는 효율성 지상주의, 주어진 업무만을 위한 획일적 업무, 권위가 지배하는 수직적 구조와 수직적 고객 관계, 근면, 성실 위주의 업무였다.

현재 시장 패러다임은 수요보다 공급이 넘쳐나는 상황으로 변했다. 수요자 중심의 시장을 이루고 있으며, 창의적인 생각으로 창조적 혁신주의를 실현해야 하고, 주어진 업무 외에 다양한 능력을 요구하는 다변적 업무로 바뀌었다.

또한 수직적 권위보다는 동반자적인 수평적 파트너 관계로 서로가 Win-Win해야 하고, 고객의 기대욕구를 파악하여 고객을 성공(만족)시켜야 하며 근면과 성실을 바탕으로 열정과 몰입을 통해 문제의 해결능력을 갖추는 것 등이 현 패러다임의 특징이라 하겠다.

21C 시장 패러다임

- 수요자 중심
- 다변적 시장
- 고객의 성공
- 수평적 관계
- 다양성 추구
- 성과급 인센티브
- 창의적 문제해결

급변하는 IT 생태계

IT(Information Technology)의 장점은 공간을 초월하는 원격(Remote)과 시간을 뛰어넘는 속도(Speed)에 있다.

빠르게 급변하는 IT 생태계 시대에 자신만의 경쟁력을 갖추기 위해서는 다음과 같은 3가지 요소를 갖추어야 한다.

창조성(Creativity)

'창조성'이란 처음으로 만드는 창조(創造)와 새로운 의견을 생각해 내는 창의(創意)를 뜻하는 말로, 새로운 생각을 가지고 처음으로 만드는 것으로써 항상 창의적인 생각을 가지고 자신을 날마다 새롭게 업그레이드(Upgrade) 해야 한다. '창의력'이란 가지고 태어난 재능이 아니라 창조적 습관에 의해서 만들어진다는 사실을 알아야 한다.

마케팅(Marketing) 능력

마케팅이란 Market(시장) + ing(진행)의 합성어다.

현재(ing) 시장(Market)의 변화를 민감하게 포착하고 그것에 알맞은 대응으로 자신을 적극적으로 홍보해야 한다.

비즈니스를 잘하는 마케터(Marketer)는 변화하는 시장에 적극적으로 대응하고 자신의 장점을 잘 알리는 사람이다. IT 생태계라고 불리는 T.G.I.F(트위터·구글·아이폰·페이스북)시대에 마케팅 능력은 새로운 무기이다.

이제 소셜 네트워크 서비스(SNS) 시대에 인터넷 카페, 블로그, 트위터, 페이스북 등을 통하여 자신을 잘 알리는 것도 경쟁력이다.

기획력(Planning)

자신의 일에 대한 계획을 치밀하게 기획하는 능력이 있어야 한다. 자신이 이 업무를 왜 기획해야 하는지, 어떤 효과를 기대하는지, 내용은 어떻게 해야 하는지, 언제 실시해야 하는지, 어느 정도 비용이 사용되어야 하는지 등 전략적이고 효율적인 마인드를 지녀야 한다.

좋은 기획의 시작은 많은 생각에서 나오며 실행은 메모에서 나온다는 것을 잊지 말아야 한다.

IT 생태계 3가지 경쟁력

- 창조성(Creativity)
- 마케팅(Marketing)
- 기획력(Planning)

유망 신기술 6T(Six Technology)

- IT(Information Technology)
  정보기술
- BT(Bio Technology)
  생명공학기술
- NT(Nano Technology)
  나노기술
- ST(Space Technology)
  우주항공기술
- ET(Environment Technology)
  환경기술
- CT(Culture Technology)
  문화기술

IT 경쟁력

최근 스마트(Smart)의 활성화로 산업계를 비롯하여 사회 전반에 걸쳐 스마트 열풍이 불고 있다.

스마트 폰(Smart Phone)은 손 안에 있는 또 하나의 세상이다. 스마트는 계속하여 진화할 것이며, 스마트 핵심 프로그램의 하나인 어플리케이션(Application)의 발전은 가속화 될 것이다.

21C 급변하는 시대에 스마트의 등장으로 이제는 TGIF를 모르면 안되는 소셜 네트워크 서비스(SNS) 시대가 도래 하였다.

이렇게 급변하는 IT 생태계 시대에 적극적으로 대처하지 못하면 곧 시대에 뒤처지게 될 것이며, SNS시대에 자신만의 경쟁력을 갖추기 위해서는 자기계발(Self-improvement)이 필수라는 것을 명심해야 한다.

소셜 비즈니스 환경

이 시대는 소셜 네트워크 서비스 시대이며, 소셜 시대의 비즈니스 혁신은 멀티 플레이어(Multi Player)가 되는 것이다.

21세기 비즈니스 환경 패러다임의 키워드는 창조적 혁신주의로 변화하였다. 소셜 시대의 비즈니스는 웹 2.0시대에서 웹 3.0시대로 변하고 있으며, 비즈니스 업무환경은 하드 워킹(Hard Working)에서 스마트 워킹(Smart Working)으로 변하고 있다.

	하드워킹 (Hard Working)	스마트워킹 (Smart Working)
시스템	명령	자율
도구	몸	머리
핵심역량	성과중심	혁신중심
근무환경	사무실	재택
웹(Web)	World Wide Web	World Wide Smart

스마트 워킹

21C 스마트 시대에는 모바일 오피스(Mobile Office)가 성장 동력의 핵심이 되고 있으며, 이제 스마트에 적응하지 못하면 뒤쳐질 수밖에 없으며 혁신도 불가능하다.

아날로그 시대에는 열심히 일하면 인정받을 수 있었으나 모바일 오피스가 주류를 이루고 있는 스마트 워크(Smart Work) 시대에는 얼마나 성과를 내었느냐가 기준이 되고 있다.

최근 스마트폰 보급과 모바일 오피스가 급속히 확산되면서 사회 전반적으로 스마트 워크로 서서히 이동하고 있다. 또한 비즈니스 효율성을 극대화 할 수 있는 방식이 스마트 워킹(Smart Working)이다.

즉, 모바일 오피스에서 인터넷과 결합하여 한 단계 더 진화된 것을 '스마트 워킹'이라고 한다.

스마트 워킹의 특징은 언제 어디서든 시간과 장소에 구애받지 않고 일을 할 수 있다는 점이다. 이는 비즈니스 혁명이며, 신속한 의사결정을 할 수 있는 비즈니스 소통이고, 성과를 극대화 시키는 비즈니스 매개체이다.

이제는 남이 시켜서 일하는 시대가 아니다. 시간과 장소를 구별하지 않는 이 시대의 성공 키워드는 '스마트 워킹'이며 부가가치 창출을 잘하는 사람만이 '스마트 워킹 맨(Smart Working Man)'이다.

스마트 워킹의 특징

- 일터의 혁명
- 신속한 의사 결정
- 성과 향상 극대화

21C 키워드

빠르게 변화하는 21C의 가장 중요한 키워드는 속도(Speed), 유연성(Flexibility), 다양성(Diversity), 숫자(Digital), 창조성(Creativity), 차별화(Differentiation), 방향(Trend)이다.

속도(Speed)

이 시대는 한치 앞을 내다보지 못 할 정도로 빠르게 변화하고 있다. 경쟁의 시대에는 생각하는 속도가 빨라야 하며, 많은 정보도 중요하지만 시대의 흐름에 맞는 핵심 정보의 습득 속도가 빨라야 한다. 또한 의사결정이 빨라야 하며, 행동으로 보여주는 실행의 속도가 빨라야 한다.

유연성(Flexibility)

일을 처리할 때는 원칙도 중요하지만, 사람들과의 관계에 있어서 유연성도 중요하다. 일 잘하는 사람들은 인간적인 면이 있으며 유연성도 좋다.

원칙을 무시해서는 안 되지만 대인관계에서는 유연성이 매우 중요하다. 유연성은 사람을 끌어당기는 인간적인 매력이며, 소통할 수 있는 중요한 커뮤니케이션 도구이다.

다양성(Diversity)

이 시대는 주어진 일만 잘해서는 안 되며, 주어진 일은 물론이거니와 다른 분야까지도 잘 이해하고 있어야 한다.

얼마 전까지는 자기에게 주어진 일을 잘하는 사람들을 I형 인재라 하였고, 자기업무는 물론 자기 직무와 관련하여 다른 업무까지도 잘하는 사람들을 T형 인재라 하였다.

하지만 이제는 H형 인재가 각광 받는다. H형 인재는 T형 인재가 지닌 능력에 다양한 멀티 플레이어 전략까지 갖춘 사람들을 일컫는다.

다양성이 강조되고 있는 시대에서 한 분야보다는 여러 분야를 잘 이해하고 다양성의 전략까지 갖춘 사람이 되어야 한다.

숫자(Digital)

모든 것이 숫자로 말해주고 있다. 우리에게 숫자만큼 민감한 것은 없으며 개인의 발전과 조직의 발전 지표는 숫자이다. 작년보다는 올해가, 금년보다는 내년을 더 성장시키기 위해서는 숫자에 민감해야 한다. 숫자는 개수를 나타내는 문자이지만 모든 발전의 지표는 숫자로 표현하듯이 숫자에 강해야 한다.

창조성(Creativity)

'창조성'이야 말로 21C 핵심어 중에서 가장 중요한 단어이다. 창조는 새로운 것을 만든다는 의미이며 새로운 것을 만들기 위해서는 그만큼 창조 정신이 있어야 한다.

차별화(Differentiation)

이 시대는 끊임없는 경쟁을 요구하는 시대이다. 이러한 시대에 경쟁에 뒤쳐지지 않기 위해서는 차별화가 필요하다. 차별화 없이는 경쟁할 수 없으며 자신만의 차별성이 있어야 인정을 받을 수 있다.

방향(Trend)

트렌드(Trend)는 방향, 경향, 동향, 추세라는 말로 이 시대가 어느 방향으로 가고 있는지, 어느 쪽으로 기울고 있는지 등 항상 미래의 방향에 대해 생각하고 준비해야 한다.

I형, T형, H형 인재

- I형 인재 : 한 분야만을 아는 전문가

- T형 인재 : 여러가지를 다 잘하면서,
  한 분야를 깊게 아는 전문가
  (─ : 넓게 안다, │ : 깊이 안다)

- H형 인재 : 자기 분야의 지식뿐 아니라
  법, 경영학 분야의 지식까지
  골고루 갖춘 인재
  (│ : 기술지식, ─ : 경영지식, │ : 법지식)

21C 트렌드

최근 스마트(Smart)의 등장으로 산업계를 비롯하여 사회 전반에 걸쳐 스마트 열풍이 대단하다. 갈수록 스마트는 진화할 것이며 스마트 핵심 프로그램의 하나인 어플리케이션(Application)의 발전이 가속화 될 것이다.

또한, 인터넷에서 정보 공유를 하고, 가상공간에 연결해 각종 소프트웨어와 응용프로그램을 편하게 사용할 수 있도록 다양한 운영체계(OS)가 개발되고 있으며, 개인이나 회사의 컴퓨터에 저장하지 않고 웹 공간에 저장하여 필요할 때 어디에서나 작업을 가능하게 하는 인터넷 컴퓨터 환경인 '클라우드 컴퓨팅(Cloud Computing)'이 새 차원의 비즈니스 모델로 서비스되고 있다.

21C 트렌드 핵심 용어 요약

스마트(Smart)
'똑똑한', '영리한'이라는 뜻으로 앞으로는 어떤 일을 하든지 전보다는 더 똑똑해야 하고, 영리해야 한다.

불확실성(Uncertainty)
미래는 갈수록 불확실한 시대이며 앞으로도 불확실한 상황이 계속 전개될 것이다.

어플리케이션(Application)
일명 '어플' 또는 '앱'이라고 하며 각종 프로그램들을 응용할 수 있도록 구동시키는 것이다.

클라우드 컴퓨팅(Cloud Computing)
인터넷과 정보공유를 하면서 가상공간에 연결하여 어느 한 곳의 저장장치에 담지 않고 웹 공간에 놔둔 채 필요할 때 내려쓰는 인터넷 컴퓨터 환경이다.

생각해 봅시다

- 한 치 앞을 예상할 수 없는 환경에서 나의 역할은 무엇입니까?

2nd Base 변화 관리

야구에서 2루는 점수와 연결할 수 있는 두 번째 주루이다.
다시 말하면 2루는 안타 한 방으로 주자를 홈으로
불러들일 수 있는 카운트 주루인 것이다.
1루에서 2루로 가기 위해서는
안타나 포볼, 그리고 도루를 통하여 진출할 수 있으며
그러기 위해서는 경기의 흐름을 빨리 이해하여
민감하게 변화해야 한다.

2루를 자기계발 차원과 비교하면
변화의 시대에 어떻게 자신을 변화시킬 것인지에 대한
변화(Change) 관리에 해당된다.
날마다 변화하는 시대에 어떻게 변화할 것인지,
어떻게 적응할 것인지에 대하여 생각해야 하고
앞으로 변화의 방향은 어떤 방향으로 갈 것이며
변화의 대응은 무엇이 있는지를 인지해야 한다.

필변즉생 불변즉사

必變卽生 不變卽死
반드시 변하면 살고 변하지 않으면 죽는다라는 뜻이다.
얼마 전 모 방송국의 공익광고에 이런 광고가 나왔다.

중학생 아들이 아침에 학교에 가기 전 엄마에게 짜증을 낸다. 그러나 엄마는 아들을 나무라지 않고 학교에 보낸다. 그리고 엄마는 짜증을 낸 아들에게 엄마의 마음을 문자로 적어 보냈고, 학교에서 엄마가 보낸 문자를 보게 된 아들은 문자를 통해 엄마의 마음을 헤아릴 수 있었으며, 수업을 마치고 집에 돌아온 아들은 엄마에게 이렇게 이야기한다. "엄마, 언제 이런 걸 배웠어요?" 이에 엄마가 하는 말. "아들하고 대화하려고 배웠지."

이 장면은 엄마가 변화하는 환경에 적응을 하였기 때문에 문자를 통해 아들하고 소통을 할 수 있었던 단면을 보여 주고 있다.

 이제 변화하지 않으면 도태될 수밖에 없다. 오늘 아무리 많은 지식을 가졌다 할지라도 변하지 않으면 상식이 되고, 그 상식도 변하지 않으면 쓰레기가 되는 것이다.

변혁기에 변화에 동참하지 않으려면
방해라도 하지 말고 비켜서라.

- 밥 딜런

일신 일일신 우일신

日新 日日新 又日新(일신 일일신 우일신)은 중국 탕왕의 반명(盤銘; 세숫대야)에 있는 말로 날마다 새롭다는 뜻으로 날마다 새로운 삶이 될 수 있도록 '끊임없이 노력하라'는 말이다.

변화는 생존코드

'변화'는 이제 '생존코드'다. '불조심'을 아무리 강조해도 지나치지 않는 것처럼 '변화'라는 말도 아무리 강조해도 지나침이 없다.

변화의 뜻은 여러 가지로 해석되지만 새로운 변화의 패러다임은 세 가지 뜻을 가지고 있다.

변화는 고정관념을 깨는 것

'나는 안 돼', '나는 어쩔 수 없어', '나 같은 사람이 뭐~' 이러한 생각에서 벗어나야 변화를 받아들일 수 있다.

변화는 나의 생각을 바꾸는 것

'부정적인 생각'에서 '긍정적인 생각'으로,
'소극적인 생각'에서 '적극적인 생각'으로,
'할 수 없다는 생각'에서 '할 수 있다는 생각'으로
바뀌어야 변화할 수 있다.

변화는 기존의 습관에 새로운 습관을 덧 입히는 것

기존에 해왔던 방식에서 벗어나 새로운 방식을 받아들임으로 새롭게 변화하라는 것이며, 이는 기존의 습관을 다 버리라는 것이 아니라 새로운 습관을 받아들여 변화의 시대에 맞게 일해야 된다는 것이다.

마치 우리가 사용하는 컴퓨터가 새로운 버전이 나오면 업그레이드하여 사용하듯이 새로운 것으로 활용하여야 된다는 말이다.

변화와 관련하여 주목할 만한 몇 가지 사례들을 보도록 하겠다.

세계 최고의 부자, 미국의 '빌 게이츠'는 자신의 성공을 '변화'라고 표현하였으며, 기자회견에서 이렇게 이야기하였다.

> "나는 힘이 센 강자도 아니고 그렇다고 두뇌가 뛰어난 천재도 아닙니다. 날마다 새롭게 변했을 뿐입니다. 그것이 나의 성공비결입니다."

"CHANGE(변화)의 G를 C로 바꾸어 보십시오. CHANCE(기회)가 되지 않습니까? 변화 속에는 반드시 기회가 숨어있습니다."

많은 사람들이 빌게이츠를 생각할 때 머리 좋은 천재, 또는 컴퓨터의 황제라고 생각하지만 본인은 앞서 말한 것처럼 날마다 새롭게 변했을 뿐이라고 하였다.

인도의 '간디'는 변화를 바란다면 자신부터 변하라고 하였다. 자신은 변하지 않고 남에게만 변하라는 것은 난센스(Nonsense)다.

닭이 알을 낳았다. 그 알이 스스로 알을 깨고 나오면 한 마리 생명력 있는 병아리가 되지만, 남이 깨주면 '계란 프라이'가 될 수밖에 없다.

프랑스에서는 삶은 개구리 요리가 가장 각광을 받는다고 한다. 이 요리는 손님이 앉아 있는 식탁 위에 냄비와 버너를 가져다 놓고 직접 보는 앞에서 개구리를 산 채로 냄비에 넣고 조리하는 것이다. 이때 물이 너무 뜨거우면 개구리가 펄쩍 뛰어나오기 때문에, 맨 처음 냄비 속에는 개구리가 가장 좋아하는 16도 온도의 물을 부어 둔다.

개구리는 따뜻한 물이 아주 기분 좋은 듯이 가만히 앉아 있다. 그러면 이때부터 매우 약한 불로 물을 데우기 시작한다. 아주 느린 속도로 서서히 가열하기 때문에 개구리는 자기가 삶아지고 있다는 것도 모르고 죽어가게 된다.

이처럼 지금 생활에 큰 불편함이 없고 걱정거리가 없다 하여 "이만하면 되겠지" 한다면 냄비 속의 개구리와 크게 다르지 않을 것이다.

세계적인 프로골퍼 '최경주' 선수는 "프로도 배워야 한다"고 했다. 그는 코치를 영입해 스윙 폼을 교정 받았다. 프로도 배워야 한다는 것을 실천으로 보여주었으며, 자신이 애용하던 골프채를 과감하게 '사각채'로 교체도 하였다. 또한 경기에 나가서는 자신의 선택을 절대로 두려워하지 않았다.

손바닥 터진 자리가 채 아물기도 전에 연습을 계속해서 다시 터지기를 거듭하면서 그는 하루 1,000개씩 공을 때렸다. "따라 잡으려면 연습밖에 없다"는 강한 신념과 모범적인 훈련을 통하여 그는 PGA에서 우승했고, 세계적으로 인정받는 선수가 되었다.

이것이 바로 변화다.

Be Change!   변화하라!
Or Extinct!   그렇지 않으면 사라진다!
Be Change.   변화하라.
It's Now!   지금 당장!

It's Now! = No yesterday, No tommorow

변화의 의미

- 고정관념을 깨는 것
- 생각을 바꾸는 것
- 기존의 습관에 새로운 습관을 덧입히는 것

변화의 속도와 방향

 "십년이면 강산도 변한다"라는 속담이 있다. 그러나 이제는 하루에도 수많은 변화가 일어나고 있으니 이러한 속담은 폐기되어야 한다.

 변화의 속도는 지금 세상의 속도이다. 날마다 변화하는 세상의 속도에 맞추어가야 뒤처지지 않는다. 세상의 속도가 자신에게 맞추어 간다는 것은 있을 수 없는 일이다.

 초원의 사자도 달리지 못하면 굶어 죽는다. 오늘의 변화는 내일에 대한 도전이며 영광을 안겨주는 힘이다. 시대에 맞게 변화하지 않으면 도태 될 수밖에 없다.

 변화의 방향은 아무도 예측할 수 없다. 마치 개구리가 앞으로 뛸지, 옆으로 뛸지 모르는 것처럼 항상 준비해야 한다.

변화의 시대에 도태되지 않기 위해서는 익숙한 것과 결별해야 한다. 그동안 우리들은 자신도 모르게 익숙한 것에 너무나 당연시 되어 있다.

지금의 자신을 돌아보며 '나태한 자신을', '안주하려는 자신을', '도망가려는 자신을' 채찍질하고 변화시켜야 한다.

변화의 속도와 방향

- 변화의 속도는 세상의 속도에 맞추는 것
- 변화의 방향은 아무도 예측할 수 없다.

변화의 채찍질

- 나태한 자신
- 안주하려는 자신
- 도망가려는 자신

변화를 위한 7가지 대응력

한 치 앞을 내다볼 수 없는 변화의 시대에는 7가지 대응력으로 변화 관리를 해야 한다.

트렌드(Trend)를 읽어라

시대의 흐름을 잘 파악하라는 말이며 이 시대가 어떻게 변하고 있고, 어떻게 흘러가고 있는지에 대해 이해해야 한다.

라이벌은 이제 같은 업종의 경쟁사만이 아니다. 시대가 변했다. 최강의 라이벌은 엉뚱한 업종에서 갑자기 튀어나온다.

대한항공의 라이벌은 예전에는 아시아나 항공이었다. 하지만 이제는 항공사끼리의 라이벌 구도는 큰 의미가 없어졌다.

대한항공의 진정한 라이벌은 아시아나도 아니고 저가

항공사도 아니고 그렇다고 KTX도 아니다. 대한항공의 진정한 라이벌은 인터넷 서비스 업체다. 왜냐하면 지금은 대기업을 비롯한 일반 기업들도 인터넷 시스템을 통하여 '화상회의'를 하기 때문이다. 구태여 본사가 있는 곳까지 오지 않아도 현지에 시스템만 구축되어 있으면 얼마든지 화상회의를 진행할 수 있다.

그렇다면 MP3 플레이어 제조사인 코원이나 아이리버의 라이벌은 어디일까? 그들의 라이벌은 타 제조업체가 아니라 휴대폰 제조사다. 이유는 지금 우리가 사용하고 있는 휴대폰 기종에 MP3 플레이어 기능이 들어있기 때문이다.

얼마 전, 세계적인 스포츠 신발 브랜드인 '나이키'가 깊은 고민에 빠졌다는 신문기사가 게재되었다. 세계에서 가장 많이 팔리던 나이키 신발이 이제는 잘 팔리지가 않는다는 것이다. 그렇다고 경쟁사인 아디다스나 푸마의 신발이 많이 팔리는 것은 더더욱 아니었다. 나이키는 판매 부진의 원인을 알기 위해 철저하게 시장조사를 하였다.
그 결과 '닌텐도'라는 일본 업체의 게임 때문에 신발이 잘 팔리지 않는다는 것을 알게 되었다.

운동화가 닳기 위해서는 공도 차고, 뜀박질도 해야 한다. 그런데 아이들이 방안에서 닌텐도의 게임에만 몰입하다 보니 뛰어 놀지 않는다는 것이다. 그러다 보니 운동화를 오래 신을 수밖에 없음을 알 수 있었으며, 나이키의 라이벌은 이제 신발업체가 아니라 게임 업체라는 것을 인식하였다.

이처럼 변화의 시대에 경쟁의 트렌드를 잘 이해하여 시대에 맞는 대응력을 가져야 한다.

현실을 직시하라
현실에 대한 이해와 안목, 통찰력을 길러 나가는 것이 변화의 시대에 맞는 대응력이다.

의타심을 버려라
여기서 말하는 의타심은 상대를 인정하지 않고, 시기하고, 질투하는 것을 말한다.

사람들은 자기보다 더 똑똑하고 잘난 사람들을 잘 인정하지 않는 경우가 많다. 상대방을 인정해야 내가 인정받을 수 있다는 것을 알아야 한다.

잘하는 사람들을 시기하고 질투하지 말고 그 사람이 왜 잘하는지에 대해 연구하고 벤치마킹을 해야 한다.

변화에 적극 몰입하라

성공한 사람들의 가장 기본적인 공통점은 자기 일에 적극적으로 몰입을 하였다는 것이다. 몰입하면 하는 일에 성과가 창출되며 성공과 연결된다. 지금 자신이 하는 일에 몰입해야 한다.

가치 혁신을 실현하라

자신과의 싸움에서 이기는 사람이 가치 혁신을 실현하는 사람이다. 혁신은 현재를 극복하는 것이며 지금의 자신을 극복하는 것이다.

블루오션을 지향하라

블루오션의 정의는 차별화를 통하여 무경쟁 시장을 만드는 것이다. 경쟁의 시대에는 자신만의 차별성이 있어야 한다. 차별화하지 못하면 소멸된다는 것을 꼭 명심해야 한다.

핵심역량을 강화하라

우리 모두는 자신이 가장 잘 할 수 있는 것을 하나씩은 가지고 있다. 자신만이 가장 잘 할 수 있는 것이 역량이며 핵심이다.

내가 무엇이든지 할 수 있는 것을 '능력'이라 한다면 내가 할 수 있는 만큼의 능력은 '역량'이다.

변화의 7가지 대응력

- 트렌드를 읽어라
- 현실을 직시하라
- 의타심을 버려라
- 변화에 적극 몰입하라
- 가치 혁신을 실현하라
- 블루오션을 지향하라
- 핵심역량을 강화하라

변화의 핵심은 교육

배움을 멈추는 것은 삶을 포기하는 것과 같다. 변화의 시대에 생존코드는 '교육'이다.

즉, Learning(배움)이 '생존코드'라는 말이다.

인도의 마하트마 간디는 "영원히 사는 것처럼 배우고, 오늘 죽을 것처럼 소유하라"고 하였다. 배움은 우리의 삶을 풍요롭게 하는 것이다.

이제는 배움을 통하여 자신의 비전과 미래를 설계해야 하며 전략과 실천을 병행하여 치열한 경쟁의 시대에 성과를 내야 한다.

학이시습지 불역열호(學而時習之 不亦說乎)라는 말이 있다. '배우고 그것을 때때로 익히면 또한 기쁘지 아니한가'라는 뜻이다.

중국 북송(北宋)의 8대 황제인 휘종은
"배운 사람은 벼와 같고, 배우지 않은 사람은 쑥과 같다. 벼와 같은 곡식이면 나라의 좋은 양식이고, 세상의 큰 보배이다. 쑥과 같은 풀이면 밭가는 이가 싫어하고 김매는 이가 귀찮아한다. 만약 배우지 않으면 뒷날에 담을 마주한 듯 답답할 것이니 뉘우쳐도 그때는 이미 늦었다."라고 하였다.

세상을 바꾸는 것은 사람이지만 사람을 변화시키는 것은 교육이다. 교육은 우리의 삶에 있어서 너무나 중요할 뿐 아니라 배움은 평생 이루어져야 한다. 그래서 Learn이라는 단어에 ing가 붙어 현재진행형인 Learning이라고 하는 것이다.

세상에서 가장 현명한 사람은 많은 사람에게서 배우는 사람이다.
우리나라만 보더라도 어떠한가?
우리 부모님 세대는 먹을 것이 없었고 자원도 없었다. 세계에서 가장 가난한 나라 중 하나였던 아주 작은 분단국가가 지금은 세계에서 몇 안 되는 경제대국이 되었다.

이러한 결과는 우리 부모님들의 교육에 대한 열망과 배우고자 하는 열정이 있었기에 가능하였던 것이다.

지금의 자신을 위해서라도 배움에 부지런해야 한다.
이 시대 인정받는 사람들의 공통점 중에 하나는 하루에 일정 시간을 할애하여 자기계발을 위해 꾸준히 노력했다는 것이며, 또 하나는 공부하는 모임(Study Group)을 통하여 지식을 습득하고 많은 사람들과 교류했다는 것이다.

미래학자 앨빈 토플러(Alvin Toffler)는 10년을 주기로 미래를 예측했다. 그가 1991년에 출간한 『권력이동』이라는 책에서 "오늘날의 역사적 권력이동은 가장 기본적인 권력의 원천인 폭력과 부가 제3의 원천인 지식에 의존하도록 만들고 있다."라고 하였다.

그리고 2008년에는 『부의 미래』를 출간하였는데 이 책에서는 "지금 우리가 맞고 있는 변화는 혼란스럽지만 다른 한편으로는 새로운 기회를 만들고 부를 창출한다."고 지적하고 있다.

부를 창출하는 시스템은 단독으로 생성되지 않으며, 새

로운 삶의 방식과 문명 그리고 전통적인 역할이나 지위의 변화와 함께 등장하며 시간과 공간과 지식이 부의 밑천이라고 기록하고 있다.

지금 이 시대는 지식의 활용도가 부의 미래를 결정짓는 다는 것을 이해해야 한다.

오늘날 경쟁의 시대에 사는 우리들이 해야 할 일이 있다면 배움을 실행으로 옮기고 하루에 한 시간만이라도 투자하여 지식을 습득해야 하며, 이러한 지식이 변화의 시대에 자신에 대한 밑거름이 되어야 한다.

변화 시대의 교육

- 교육은 변화의 생존코드
- **學而時習之 不亦說乎**
- 교육은 미래를 위한 투자
- 지식 습득은 자신에 대한 밑거름

스피드 시대 경쟁의 요소

갈수록 빠른 것만을 추구하는 시대이다. 이러한 시대를 스피드 시대라고 하는데 다음과 같은 세 가지 경쟁에서 이겨야 한다.

자신과의 경쟁

자신과의 경쟁에서 이기는 사람이 최고의 승자다. 유대인 격언에 "세상에서 가장 강한 사람은 자신과의 싸움에서 이기는 사람"이라고 하였다. 그만큼 자신과의 싸움이 어렵기 때문에 자신을 이기는 것이야말로 승자일 것이다.

사람의 마음에는 항상 양면성이 있다. 일을 하고 싶은 마음과 쉬고 싶은 마음, 긍정적인 마음과 부정적인 마음, 적극적인 마음과 소극적인 마음 등 이러한 두 마음에서 자신이 이기기 위해서는 어떠한 마음을 가져야 할지는 자신이 선택해야 한다.

시간과의 경쟁

시간을 지배한다는 것은 그만큼 시간 관리를 효율적으로 잘한다는 것이다. 주어진 시간을 잘 관리하는 자가 현명한 사람이듯이 자신 앞에 놓인 시간을 짜임새 있게 관리하는 것이 시간과의 경쟁에서 이기는 방법이다.

시간과의 경쟁에 '몰입'하는 것도 또 하나의 능력이다. 몰입이 성공을 부르듯이 자기 일에 그만큼 정성을 쏟는 사람이 시간을 효과적으로 사용하는 것이다.

정보와의 경쟁

홍수가 나면 사방에 물이 넘쳐나지만 정작 마실 물은 없다. 이 말은 인터넷을 통하여 정보가 넘치는 시대에 살고 있지만 자신에게 유익한 정보는 그렇게 많지 않는다는 것이다.

오늘날 경제의 핵심은 인터넷에 있으며 인터넷을 정보의 바다라고 말하기도 한다. 정보 경쟁에서 이기기 위해서는 다양한 정보를 습득하고, 습득한 정보를 가공하여 지혜와 지식으로 바꿔 부가가치를 창출해야 한다.

정보가 바로 시간이며, 돈이며, 힘이다. 얼마나 많은 땀을 흘리며 일했느냐가 아니라 얼마나 유익한 정보를 가지고 활용하는가가 성공의 비결이 되고 있다.

 정보를 많이 가지고 있다하여 성공하는 것이 아니라, 정보를 자신의 것으로 만들고 활용할 때 성공할 수 있는 것이다.

생각해 봅시다

- 나의 변화를 위해서 지금 당장 실행에 옮길 수 있는 것은 무엇일까?

3rd Base 자기 관리

야구에서 3루는 점수와 연결할 수 있는 세 번째 주루이며
홈베이스로 가는 마지막 주루이다.
3루로 가기 위해서는 1루에서 2루로 가는 것처럼
안타나 포볼이 있지만
3루를 거치지 않고서는 어떤 주자도 절대로 점수를 올릴 수 없다.

3루를 자기계발 차원과 비교하면
개인의 능력 향상과 자기 혁신을 위해서 어떻게 할 것인지에 대한
자기(Self) 관리에 해당된다.
자신을 발전시키기 위해서는 자기계발이 필요하듯이
자기 관리를 잘하기 위해서는 자신의 강점과 약점은 무엇이며
기회적인 요소와 위협적인 요소는 무엇인지 등
지금의 자신을 세밀하게 분석해야 한다.

가치 있는 삶

 가치 있는 삶이란 자신과의 싸움에서 이기는 삶이다. 나약하고 현실에 안주하려는 지금의 자신을 극복해야 한다.

 가치 있는 삶을 살기 위해서는,

 첫째, 진정한 가치를 깨달아야 한다.
 진정한 가치의 의미를 알고 있는 사람은 자기가 흘린 땀을 믿지만, 가치를 모르는 사람은 요행을 믿는다.

 둘째, 노력해야 한다.
 세상에서 제일 무서운 사람은 노력하는 사람이다. 능력이 없는 사람은 환경을 탓하고, 일 못하는 사람은 연장을 탓한다.

 셋째, 자기가 하는 일을 보람으로 생각해야 한다.

일을 의무로 생각하는 사람은 인생이 지옥 같지만, 일을 보람으로 생각하는 사람의 삶은 천국이다. 오늘보다 나은 행복한 미래를 위하여 즐거운 마음으로 일해야 한다.

넷째, 계획을 잘 세워야 한다.
계획을 세우지 않는 것은 처음부터 절반의 실패를 예고하는 것이며 구체적이지 못한 계획은 계획이라 할 수 없다. 계획은 시간과의 싸움에서 이기는 것이며 게으름을 피우지 않기 위한 것이다.

다섯째, 두려움을 극복해야 한다.
인간은 누구에게나 두려움이 있다. 두려움은 극복의 대상일 뿐 결코 절망은 아니다. 실패를 두려워하지 말고 노력하지 않는 것을 두려워해야 한다.

여섯째, 마중지봉(麻中之蓬) 해야 한다.
"구부러진 쑥도 삼밭에서 나면 꼿꼿하게 자란다"라는 뜻으로 내 주변에 어떤 사람들이 나와 함께 하느냐에 따라서 내 삶의 방향도 달라진다는 것을 알아야 한다.

자기관리를 위한 진단

자기관리를 잘하기 위해서는 8가지 생명의 요소(Vital function)가 있다.

지금부터 각 항목마다 10점을 기준으로 셀프진단을 해보자. '매우 그렇다'라고 생각하면 10점, 9점, 8점으로 기재하고, '보통이다'라고 생각하면 7점, 6점, 5점으로 평가한다.

자기관리를 위한 Vital Function 진단

1) 나는 긍정적인가? ____
2) 나는 호감을 주는가? ____
3) 나는 표현을 잘하는가? ____
4) 나는 창의력이 있는가? ____
5) 나는 전문성을 갖췄는가? ____
6) 나는 몰입 능력이 있는가? ____
7) 나는 시간 관리를 잘하는가? ____
8) 나는 건강과 활력이 넘치는가? ____

이 항목에서 5점, 6점, 7점으로 체크한 항목이 있다면 최소한 8점까지 높여야 한다. 갈수록 프로만을 인정하는 시대이다 보니 프로가 되기 위해서는 최소한 8점 이상이 되어야 하며, 효과적인 자기관리를 위해서는 부족한 항목들을 개선해야 한다.

삶은 항상 자신을 개선할 때와 새로운 것을 받아들일 때 발전하는 것이다.

셀러던트 시대 자기점검

몇 년 전 셀러던트(Saladent)라는 말이 직장인들 사이에서 유행했던 시기가 있었다. 셀러던트는 직장인을 뜻하는 셀러리맨(Salaried man)과 학생(Student)의 합성어이며, '공부하는 직장인(셀러리맨 + 스튜던트 = 셀러던트 Saladent)'을 일컫는다.

갈수록 직장인들의 연봉제와 성과주의 보상 시스템이 주류를 이루고 있는 상황에서 직장인 스스로가 자신의 시장가치를 높여야 하기 때문에 직장인들은 셀러던트가 되어야 한다.

셀러던트 시대 자기점검도 앞의 '자기관리를 위한 진단'처럼 '매우 그렇다'라고 생각하면 10점, 9점, 8점 중에서 기재하고, '보통이다'라고 생각하면 7점, 6점, 5점으로 평가하면 된다.

셀러던트 시대의 자기점검

1) 여러 사람과 토론을 잘 하는가? ___
2) 메모하는 습관을 가지고 있는가? ___
3) 건강을 위해 체력안배를 잘 하는가? ___
4) 나만의 새로운 전략과 전술을 가지고 있는가? ___
5) 외국어(영어, 일어, 중국어) 구사 능력이 있는가? ___
6) 새로운 Trend Key word에 관심은 있는가? ___
7) 한 달에 한 번은 스터디 모임에 참여하고 있는가? ___
8) 인터넷 카페 활용을 통하여 자기계발은 잘 하는가? ___
9) 파워포인트(ppt) 구성능력과 프리젠테이션 구사능력은 있는가? ___
10) 인맥관리를 위해 세미나 및 각종 모임에 참석을 잘 하고 있는가? ___

이 항목도 5점, 6점, 7점으로 체크한 항목이 있다면 최소한 8점까지 높여 주어야 한다.

가르침을 받고도 실행에 옮기지 않으면 밭을 열심히 갈아 놓고 씨를 뿌리지 않는 것과 같다.

21C 자기관리

자기관리에도 '창조적 자기관리 사이클(Cycle)'이 있다. 창조적 자기관리를 위한 4가지 Cycle은 자신감을 통한 창조의 힘, 열정을 통한 긍정의 힘, 신념을 통한 몰입의 힘, 평가를 통한 실행의 힘이다.

자신감을 통한 창조의 힘

자부심과 책임감을 가지고 늘 창조적인 생각을 갖는 것이다. 자부심이 없으면 자신감이 없고 책임감이 없으면 시작과 끝이 다를 수밖에 없다.

또한 창조는 창의력에서 만들어진다. 세계적으로 녹색성장의 시대라고 하지만 녹색성장의 근본은 창조적인 생각에서 시작된다.

열정을 통한 긍정의 힘

삶을 도전정신과 긍정적인 생각을 가지고 생활하라는 것이다. 삶의 열정은 에너지를 만들며 도전은 활력소를 불어 넣는다. 긍정은 강한 긍정을 낳고 부정은 강한 부정을 낳는다는 것을 명심해야 한다.

신념을 통한 몰입의 힘

삶에 한 가지 목표를 정하였다면 흔들리지 않는 확고한 가치관으로 목표를 위해 완전히 몰두하라는 것이다. 신념과 몰입이 없으면 어떠한 목표도 달성할 수 없다.

평가를 통한 실행의 힘

항상 자신이 하고 있는 일에 대하여 피드백을 하라는 것이다. 피드백은 한 마디로 자신의 잘한 점과 못한 점을 평가하는 것이며 이를 통해 자신을 한 층 더 발전시켜 나가는 것이다.

Plan—Do—See라는 말은 계획을 세우고 실행함으로써 자신을 평가하는 것이다.

이제는 이러한 4가지 Cycle을 바탕으로 자기관리를 위해 늘 습관화해야 한다.

창조적 자기관리 사이클(Cycle)

- 자신감을 통한 창조의 힘
- 열정을 통한 긍정의 힘
- 신념을 통한 몰입의 힘
- 평가를 통한 실행의 힘

자신을 좀먹게 하는 3가지 요인

자신을 좀먹게 하는 요인 중에 세 가지가 있다.

첫째는 현실에 안주한 것이고, 둘째는 난 어쩔 수 없어 라고 스스로가 단정 지어버리는 것이며, 셋번째는 목표는 있지만 실천에 소극적인 것이다.

이러한 사항들을 극복하지 못하면 슬럼프가 오게 되고 슬럼프를 극복하지 못하면 우울증이 오게 된다. 슬럼프에 빠졌을 때는 자신을 무엇보다 먼저 극복해야 한다.

자신을 좀먹게 하는 슬럼프에 빠지지 않으려면 위의 내용과 반대로 하면 될 것이다.

현실에 안주하지 않고, 난 뭐든지 할 수 있다 생각하며, 목표를 위해 적극적으로 실천한다면 자신을 극복할 수 있을 것이다.

자신을 좀먹게 하는 3가지 요인

- 현실에 안주
- 난 어쩔 수 없어 라고 단정
- 목표는 있으나 실천에 소극적

3C형 인간, 3P형 관리

글로벌 비즈니스 시대에 세계인(世界人)과 겨루기 위해서는 3C형 인간이 되어야 하며 3P형 관리를 잘해야 한다.

미국 부시 행정부에서 장애인 정책 차관보를 지낸 강영우 박사는 3C를 길러야 세계의 젊은이들과 자유롭게 경쟁을 할 수 있다고 하였다.

세계 속의 경쟁에 뛰어들기 위하여 기본적으로 갖추어야 될 3C는 Competence(능력), Character(인격), Commitment(헌신)이다. 즉, 실력과 인격과 봉사정신을 갖추라는 것이다.

능력만 있어서도 안 되고, 인간성만 좋아서도 안 되며, 헌신만 잘해서 되는 것도 아니다. 능력과 인격과 헌신, 이 세 가지를 모두 갖추는 자가 글로벌 시대의 3C형 인간이다.

3P형 관리는 Process(시간관리), Performance(목표관리), Professional(지식관리)이다.

Process(시간관리)

Process는 '진행, 경과, 순서'라는 뜻으로 목표지점에 도달하기까지의 시간을 말한다. 글로벌 시대에 시간 관리는 매우 중요하다. 시간은 누구에게나 공평하게 주어지지만 어떻게 활용하느냐에 따라서 결과의 차이가 많이 날 수밖에 없다.

"어제 죽은 이가 그토록 소망하던 오늘"이라는 말이 있다. 누구에게나 동일하게 주어지는 하루 24시간을 효과적으로 사용하고, 우리에게 주어진 귀중한 시간을 최선을 다하여 관리해야 한다.

얼마 전까지만 해도 아침형 인간과 저녁형 인간의 성공에 대한 주제의 도서가 많이 출간되었지만 꼭 아침형 인간만, 또는 저녁형 인간만 성공하는 것은 아니다.

주어진 시간을 효율적으로 관리하고, 하루 24시간 중에서 자신의 성과가 가장 높은 시간이 언제인지를 체크하여 활용한다면 많은 도움이 될 것이다.

'20:80 파레토의 법칙'에서 얘기하는 것처럼 하루에 주어진 시간 중의 20%가 전체 80%의 시간보다 훨씬 더 좋은 성과를 낸다는 것을 알아야 한다.

Performance(목표관리)

Performance는 '성적, 성과'라는 의미로 목표관리를 잘해야 한다는 뜻이다. 목표관리를 잘하는 자가 성공하는 시대이다. 목표가 없으면 성과도 없고, 열정도 없다. 무조건 열심히 하는 것 보다는 확실한 목표를 정하여 잘하는 것이 더 중요하다.

Professional(지식관리)

Professional은 '전문가, 프로'라는 의미로 전문가가 되어야 한다는 것이다. 전문가가 되기 위해서는 다방면으로 많이 알아야 하고, 다양한 지식을 쌓아야 한다. 지식은 배움을 통하여 얻어지기도 하지만 경험을 통하여 얻기도 한다. 다양한 지식을 쌓는 사람이 경쟁력을 갖추는 사람이다.

지식을 습득하기 위해서는 최소 하루 1시간씩 자기계발에 투자해야 한다. 지식도 자기계발 없이는 무용지물이 될 수밖에 없으며 자기계발 또한 지식이 없으면 물이 없는 사막과 같다는 것을 명심해야 한다.

3C형 인간

- Competence(능력)
- Character(인격)
- Commitment(헌신)

3P형 관리

- Process(시간관리)
- Performance(목표관리)
- Professional(지식관리)

자기경영 8가지

 21세기는 자기를 어떻게 경영하느냐에 따라 삶이 크게 달라진다. 많은 사람들이 프로가 되기를 원하지만 아무나 프로가 되는 것은 아니다.
 자기자신의 경영을 잘하는 사람만이 진정한 프로이며, 사람들에게 인정을 받을 수 있다. 일상생활에서 자기경영을 잘하기 위한 방법은 다음과 같다.

부지런해야 한다

 진정한 프로는 정말 부지런한 사람이다. 부지런한 사람은 슬럼프도 없다. 부지런하지 못한 사람은 자기경영을 못하는 사람이며, 가난이 도적같이 다가온다.

 一勤天下 無難事(일근천하 무난사)
 부지런하면 천하에 어려움이 없다.

자기표현을 잘해야 한다

자기를 표현하는 방법이야 여러 가지가 있겠지만 자기 이름을 삼행시로 만들어 상대방으로 하여금 자기를 잊지 않도록 하는 것도 하나의 방법이다.

예를 들어 내 이름인 '신택현'을 삼행시로

신 이
택 한
현 명한 사람

이렇게 표현할 수 있다. 자신을 잘 표현하는 사람이 상대방에게 강한 인상을 심어주는 것이다.

Loss Time을 줄여야 한다

일 잘하는 사람은 시간 관리를 정말 잘한다. 일하는 시간에 목욕탕에 가거나 이발을 하거나, 그 외 부대적인 것으로 시간을 허비하지 않아야 한다. 진정한 프로는 쓸데없는 곳에 시간을 낭비하지 않는다.

자신을 바쁘게 만들어야 한다

모든 일에 바쁘게 움직일 수 있도록 자신을 기획하는 것이다. 자신의 삶을 잘 기획하기 위해서는 철저하게 계획을 짜고 행동으로 옮겨야 한다.

자기 스타일을 변화시켜야 한다

일을 하다보면 지루함을 느낄 때가 있다. 이럴 때일수록 스스로 자신을 변화시켜야만 생명력이 길어진다. 일주일에 한 번쯤은 자신의 행동에 변화를 주어 자기 스타일을 바꾸어줄 필요가 있다.

자기가 자기를 결재해야 한다

자신의 삶에서 계획했던 일이 달성되었을 때에는 자신이 스스로에게 결재를 해야 한다. 자신이 목표했던 계획표 항목에 자신의 도장을 찍어 결재함으로써 보람을 느끼도록 해야 한다. 결재는 꼭 회사에서만 하는 것이 아니다.

보증은 함부로 서지 않아야 한다

우리의 삶에서 본의 아니게 보증을 부탁받을 때가 있다. 이럴 때일수록 냉철하게 생각해야 하며 보증이 자신의 발목을 잡는다는 것을 알아야 한다. 사사로운 정에 이끌려 보증을 선다면 자신의 삶에서 더 큰 것을 잃어버릴 수가 있다.

정상에 선 자신의 모습을 상상한다

꿈이 없으면 비전도 성공도 없다. 정상에 선 자신의 모습을 자주 상상함으로써 성공의 확신을 가져야 한다. 비전이란 자신이 하고 싶은 것에 대한 마음속의 그림이다.

자기경영 8가지

- 부지런하기
- 자기표현 잘하기
- Loss Time 줄이기
- 자신을 바쁘게 만들기
- 자기 스타일 변화시키기
- 자기가 자기를 결재하기
- 보증은 함부로 서지 않기
- 정상에 선 자신의 모습 상상하기

자기분석(SWOT)

 '자기개발'과 '자기계발'의 차이를 묻는다면 '자기개발'은 지금의 자신을 발전시키는 것이고 '자기계발'은 자신의 능력을 계발하는 것이다.

 이 시대는 '자기개발'보다도 '자기계발'을 요구하고 있으며 이에 '자기계발'을 위해서는 어떻게 하는 것이 더 효과적인지에 대해 알아보자.

 우선 '자기계발'은 지금의 자신을 정확하게 분석할 줄 알아야 한다. 다시 말해 자신의 강점과 약점, 그리고 기회적인 것과 위협적인 것을 분석해야 하는데 이를 SWOT분석이라고 하며 Strength(강점), Weakness(약점), Opportunity(기회), Threat(위협) 이렇게 구분하고 있다.

 저자의 SWOT 사례는 다음과 같다.

Strength(강점)	Weakness(약점)
낙관적이다 인간적이다 사교적이다 열정적이다 좋은 인상을 가졌다 화려한 경력을 소유했다 도와주는 Client가 많다 추진력이 좋다 자기계발을 잘한다 멀티플레이어다 컴퓨터 활용능력이 우수하다	무리한 약속을 한다 반복적인 생활을 한다 성격이 급하다 말을 많이 한다 개인적인 시간이 없다 앞서 가다 보니 비용손해가 많다 어시스트맨이 없다 마무리가 부족하다 능력을 과대평가한다 급하게 결론을 내린다
Opportunity(기회)	Threat(위협)
많은 지식을 소유했다 멘토의 조언을 잘 듣는다 컴퓨터 활용능력이 뛰어나다 인맥 인프라가 좋다 늘 스카우트 대상이다 사람을 많이 만난다 자기계발 세미나를 개최한다 일과 사업을 잘 연결시킨다	의욕 저하가 있다 체력이 약해졌다 여유가 없다 가정에 소홀하다 건강관리가 안된다 선택과 집중이 약하다 현재 교육시장이 사이버교육으로 전환중이다

물론 이것 외에도 더 많은 것들이 있지만 몇 가지 사례를 요약해 보았으며 강점은 더 강하게, 약점은 보완하며, 기회적인 요소는 늘 발견하고, 위협적인 요소는 제거해야 한다. SWOT 분석을 잘하는 사람이 개인의 능력을 잘 관리하는 사람이다.

생각해 봅시다

- 자신의 강점과 약점과 기회와 위협적인 요소를 적어보세요.(SWOT 분석)

Strength(강점)	Weakness(약점)
Opportunity(기회)	Threat(위협)

Home Base 목표 관리

야구에서 홈베이스는 점수와 바로 직결되는 최종 주루이다.
홈으로 들어오기 위해서는 1루, 2루, 3루를 거쳐야 되듯이
부단한 노력 없이는 홈베이스를 밟을 수가 없다.

홈베이스를 자기계발 차원과 비교하면
어떠한 목표를 가지고 행동하느냐에 대한 자신의
목표(Goal) 관리에 해당된다.
삶의 목표가 있는 것과 없는 것의 차이는
의욕과 열정이 있느냐 없느냐의 차이이고
자신만의 목표 프로세스를 설정하여
목표에 대한 확고한 신념을 가져야 한다.

인생에서 목표 없이는 도전도 없고 성취할 것도 없음을
인지해야 한다.

목표에 대한 코칭

  도전과 목표는 인생의 Vital(생명력)이며 인생에서 가장 중요하다. 성공한 사람들의 공통점을 찾아보면 확실한 목표가 있었고, 그 목표에 도전해서 성공했기에 남들로부터 인정을 받을 수 있었다.

  도전은 열정을 낳고, 열정은 성공을 낳듯이 도전 없는 목표는 허울뿐이며, 목표 없는 도전은 존재할 수가 없다. 도전과 목표에 대한 코칭을 통하여 지금의 나를 채찍질하고 동기부여를 함으로써 오늘보다 나은 내일의 풍요로움을 만들어야 한다.

-『성공을 부르는 비즈니스 멘토』에서

목표의 중요성

목표를 갖기 위해서는 목표의 중요성을 인식해야 한다. 우리 삶에 있어서 목표는 희망과 발전을 가져온다.

세계적으로 인정받는 프로선수들의 사례를 보더라도 확실한 목표가 희망이었고, 개인의 발전을 갖게 한 원동력이었다.

2002년 월드컵에서 국가대표였던 박지성 선수의 목표는 "지금의 나를 뛰어 넘는 것이며, 확실한 자신의 목표를 향하여 멈추지 않는 도전!"이라고 하였고,

미국 메이저리그에서 뛰었던 박찬호 선수는 "난 또 다른 오늘에 도전 한다. 하늘은 나의 생명을 가지고 있지만, 나의 인생은 내가 개척하고 내가 만들어 간다"라고 하였으며,

Ten million dollar girl 골프선수 위성미의 목표는 "무엇이든 열심히 하자. 그리고 꿈을 크게 갖자"라고 한다.

2006년 뉴욕 마라톤 대회에 큰 이변이 있었다. 불굴의 의지로 3기 고환암을 이겨내고 '투르 드 프랑스(프랑스 도로 일주 사이클 대회)'에서 7연패의 위업을 달성한 '랜스 암스트롱'이 페달을 밟는 대신, 생애 첫 마라톤에 도전해 두 발로 뛰어서 42.195km를 완주했다.

그는 마라톤 풀코스를 3시간 안에 완주하는 것이 자신의 목표라고 하였으며, 그는 이 뉴욕 마라톤 대회에서 2시간 59분 36초로 결승선을 통과하였다.

그가 골인지점으로 향할 때 얼굴은 고통으로 일그러져 있었고, 녹색 셔츠는 흠뻑 젖어 있었다. 하지만 마지막까지 포기하지 않는 강인한 정신으로 결승점을 통과하여 그가 이루고자 했던 목표를 달성할 수 있었던 것이다.

이처럼 프로들은 확실한 목표를 가지고 생활을 하고 있다.

양로원 통계조사

몇 년 전, 어느 양로원에서 통계조사를 한 결과를 보면 양로원에 계신 분들의 대부분이 아래와 같은 다섯 가지 공통점이 있었다고 한다.

1) 게을렀다.
2) 목표가 없었다.
3) 즉석을 좋아했다.
4) 나쁜 습관의 노예였다.
5) 남을 생각하지 않았다.

통계의 결과에서 보듯이 우리의 삶에서 목표가 얼마나 중요한가를 다시 한 번 인식해야 하겠다.

열정의 삶

인생에서 열정(熱情)은 성공의 키워드다.

13세기에 지구 땅의 1/3을 지배하였던 칭기즈칸의 성공의 키워드도 바로 열정이었다. 열정을 영어로는 PASSION이라고 쓰는데 알파벳을 하나씩 풀어 보면 다음과 같이 설명할 수 있다.

P - Profit (이익 ; 利益)

열정에는 반드시 이익이 수반되어야 한다. 자신의 이익도 중요하지만 상대방에게도 이익을 줌으로써 서로가 Win-Win 해야 한다.

A - Ambition (야망 ; 野望)

큰 포부를 가지고 일을 추진하여야 한다. 야망을 품고, 확실한 목표를 세워서, 강력한 추진력을 바탕으로 실행을 한다면 좋은 결과가 도출될 것이다.

S - Sincerity (진실 ; 眞實)

어떤 상황에서도 항상 진실해야 한다. 남을 대할 때에도 성실해야 하며 솔직해야 한다. '우선 먹긴 곶감이 달다'라는 속담에서 알 수 있듯이, 눈앞의 이익을 위해 권모술수를 써서는 안 된다.

S - Strength (강점 ; 强占)

자기만의 강점이 있어야 하며 자신만의 노하우(Know-How)가 있어야 한다.

자신을 정확하게 인지하고, 자신이 가장 잘할 수 있는 분야를 선택하여, 그 분야에 대한 전문성을 갖추고, 자신만의 브랜드(Brand)를 만들어, 자신을 적극적으로 홍보할 수 있는 자신만의 커리어를 만들어야 한다.

I - Innovation (혁신 ; 革新)

지금의 자신을 극복하라는 것이다. 일본의 세계적인 자동차 기업 '도요타 자동차'는 공장의 라인마다 타도 도요타라는 캐치프레이즈(Catchphrase)가 붙어있다. 현재의 도요타를 넘지 못하면 미래의 도요타는 없다는 것이다. 다시 말하면 "지금의 나를 극복하지 못하면 미래의 나는 없다"라는 말과 같다.

O - Optimism (낙관주의 : 樂觀主義)

부정적인 사고(思考)를 갖지 말고, 긍정적인 사고를 가지고 항상 명랑하고 즐기면서 살아야 한다.

N - Never give up (포기하지 말라)

불패주의 정신을 가져야 한다. 우리의 삶 가운데 그리 쉽게 이루어진 것은 하나도 없다. 있었다면 아마도 요행이었을 것이다.

출산 10분 전은 엄마와 아기에게 가장 고통스러운 순간이라고 한다. 그래서 엄마는 순간적으로 출산을 포기하고 싶다는 생각이 든다고 한다. 이러한 고통을 잘 참고 이겨내면 새로운 탄생이 기다리고 있다는 것을 명심하라.

자신에게 느껴진 고통이 있다고 하여 포기하지 말고, 지금의 고통은 풍요로운 미래의 삶을 위한 하나의 과정일 뿐이라고 생각하자.

백만장자들의 공통점

 미국의 '톰스 스덴'은 그의 저서 『백만장자의 정신』에서 백만장자들이 갖는 두 가지 공통점을 이야기하였다.

 하나는 "내일을 어떻게 만들 것인가?"에 대한 꿈과 비전이었으며, 또 하나는 "누구나 다 알고 있는 것을 바탕으로 성실하게 실천한 것뿐"이었다.

 누구나 다 알고 있는 것을 성실하게 실천으로 옮겼다는 것이 중요하다. 우리 모두가 다 알고 있는 '그렇게 열심히 일하면 성공하겠지' 하는 내용들을 그들은 삶 가운데서 실천으로 옮겨 백만장자가 될 수 있었다는 것이다.

 여기에 한 가지를 더 추가한다면 백만장자라 불리는 그들은 자기가 하는 일들을 즐겼다는 것이다. 현재 자신이 하고 있는 일을 즐긴다는 것은 그만큼 보람을 가지고 일한다는 것이다.

"천재는 노력하는 자를 이길 수 없고, 노력하는 자는 즐기는 자를 이길 수 없다"라는 말을 좋은 교훈으로 삼자.

우리 주변에서 '생활 속의 달인'을 보면 그들은 현재 자기가 하고 있는 일이 아주 재미있고 즐겁다고 한다. 그만큼 재미있고 즐겁게 일하다 보니 일에 대한 능률이 더 오를 뿐 아니라 시간이 너무 빨리 지나간다고 한다.

지금 하고 있는 일을 즐거운 마음으로, 그리고 그 일을 즐기자. 그러면 반드시 좋은 결과가 있을 것이다.

하나에서부터의 출발

천리길도 한걸음부터 시작하고, 인류 최대의 토목공사라 불리는 거대한 유적 만리장성과 피라미드도 돌 하나에서부터 시작되었다.

지금부터 시작하는 하나하나의 마음은 값지고 너무도 위대하다.

목표달성 프로세스

목표를 달성하기 위해서는 목표에 대한 프로세스를 가져야 한다. 목표설정을 잘 하였다 하더라도 설정된 목표를 달성하기까지는 단계적인 계획이 세워져야 한다.

목표달성의 7가지 프로세스
1) 어떠한 목표를 달성할 것인지에 대한 확실한 목표를 정할 것.
2) 언제까지 달성하겠다는 기간을 정할 것.
3) 목표를 항상 볼 수 있는 곳에 써 붙일 것.
4) 써 붙인 목표를 보고 마음속으로 다짐하고 선언할 것.
5) 목표가 잘 이루어지고 있는지 중간 중간 점검할 것.
6) 목표가 이루어질 때까지 열정을 가질 것.
7) 늘 다짐하고 또 다짐할 것.

스마트 시대의 SMART 목표 코칭

S   Specific   구체적일 것
M   Measurable   측정이 가능할 것
A   Achievable   성취가 가능할 것
R   Results-oriented   결과 지향적일 것
T   Time bound   시간이 설정될 것

목표달성을 위한 기술

1) 실천하라
2) 자기계발을 하라
3) 끊임없이 도전하라
4) 다양한 경험을 쌓아라
5) 커뮤니케이션 능력을 키워라

9단계 목표설정 기법

접시닦이에서 CEO로 변신한 '브라이언 트레이시'는 "끔찍한 실패 때마다 백지에 새 목표를 적었으며, 지금 나의 시간을 값지게 보내려면 뭘 해야 할지 나에게 끊임없이 물었다"고 한다.

브라이언 트레이시의 9단계 목표설정 기법

1) 종이에 자신이 꼭 이루어야 한다고 생각하는 것들의 리스트를 적는다.
2) 중요하지 않다고 생각하는 것부터 차례차례 지워 나간다.
3) 마지막으로 남은 것을 자신의 '넘버원(No.1) 목표'로 정하고, 이를 다시 종이에 적는다.
4) 목표가 실현 가능한 것인지 생각해 본 후 언제부터 목표달성을 위해 실행에 옮길 것인지 출발점을 정한다.
5) 현실적이고 명확한 데드라인(deadline)을 설정한다.

6) 목표를 이루는데 장애요소가 될 만한 것들과 지금까지 왜 목표달성에 실패하였는지 적어 본다.

7) 목표를 이루기 위하여 도움을 청할 사람들의 리스트를 작성하고, 협조를 어떻게 구할 것인지 적는다.

8) 목표를 달성하기 위해 내게 필요한 기술(skill)을 적고, 현실적으로 내가 개발할 수 있는 것이 무엇인지 적어 본다.

9) 목표달성을 위한 세부적인 스케줄 표를 구체적으로 작성한다.

성공이란?

확실한 목표를 설정하고
일관성을 가지고
노력,
준비,
계획,
행동,
실천을
꾸준히 반복하는 것이다.

생각해 봅시다

- 자신의 인생목표 다섯 가지를 정하고 어느 것이 더 중요한지 우선순위를 정하여 실천에 옮길 수 있도록 구체적인 계획을 수립해 보자.

우선순위	인생목표	계획수립
1		
2		
3		
4		
5		

에필로그

지금 이 시대는 프로만이 인정받는 시대이다.
수학 문제를 풀기 위한 공식이 있듯이
프로가 되기 위해서도 성공의 공식이 있다.

이 공식의 핵심은
전략 × 열정 × 실행능력이다.
많이 아는 것이 중요한 게 아니라 하나라도 실천하는 것이 중요하다.

실행이 0이면 전체가 0이 된다.

Specialist, Generalist, Multi Player

'Specialist'는 한 분야에서 전문성을 가진 사람, 즉 그 분야에서만 뛰어난 사람을 일컬으며, 'Generalist'는 본인 업무는 물론이고, 자기업무와 관련된 다른 업무까지도 꿰뚫고 있는 사람을 일컫는다.

이 시대의 진정한 프로는 'Specialist'가 아닌 'Generalist'이며 향후에는 모든 면에서 다양한 능력을 갖춘 'Multi Player'가 전문가로 인정을 받을 것이다.

일 잘하는 사람은 무엇이 다른가?

비즈니스 업계에서 일 잘하는 사람을 관찰해보면 남들보다 학벌이 좋고 환경이 좋아서 일을 잘하는게 아니라는걸 알 수 있다. 그들은 주어진 여건 하에서 행동으로 잘 옮기는 사람들이다.

일 잘하는 사람들은 아래와 같은 점이 다르다.

뚜렷한 목표가 있다

목표가 없으면 열정도 없고 도전도 없으며, 얻을 것도 성취할 것도 없다. 프로들은 목표를 반드시 달성하고자 하는 확고한 신념이 있다. 정확한 목표를 설정하고 확고한 가치관을 통하여 창조적인 생각으로 실행에 옮겨야 한다.

계획적이다

치밀한 계획 없이는 좋은 성과를 기대할 수 없고, 계획은 시간과의 싸움에서 게으름을 피우지 않기 위함이다.

실천하는 습관을 가졌다

작은 것이라도 꾸준하게 실천하는 습관이 큰 결과를 가져다준다.

프로와 아마추어는 실천과 생각에서 차이가 난다. 아무리 좋은 내용이라 할지라도 생각만 하는 것과 실천하는 것은 하늘과 땅의 차이이다. 생각만 하는 사람들은 걱정을 부르고, 실천하지 않는 사람들은 후회를 부른다. 지속적인 작은 실천이 큰 결과를 가져오듯이 실천이 최고의 전략이다.

일의 우선순위를 잘 정한다

일에는 순서가 있다. 하루를 시작하기에 앞서 5분간의 명상을 통하여 오늘 해야 할 일의 우선순위를 정해보자.

집중력이 뛰어나다

집중력이 좋은 사람은 몰입을 잘하는 사람이며, 몰입하는 능력이 성공을 부른다.

몰입은 '집중'이란 의미로 집중력이 좋다는 말이다. '스필버그' 감독은 영화에 몰입하여 최고의 명작을 만들었고, '토마스 에디슨'은 발명에 몰입하여 최고의 발명가가 되었으며, '빌 게이츠'는 컴퓨터에 몰입하여 최고의 갑부가 되었던 것처럼 몰입은 성공을 부른다.

전략을 잘 세운다

새로운 전략은 남이 하지 않는 것을 내가 하는 것이며, 새로운 전술은 남이 했던 것을 내가 더 잘하는 것이다.

경청을 잘한다

공감적이고 적극적인 경청이 상대방의 호감을 이끌어 낼 수 있다. 공감적 경청은 상대방의 말을 들으면서 고개를 끄덕이는 것이다. 고개를 끄덕인다는 것은 상대방의 말을 이해하고 동의한다는 표시이며, 상대방의 마음을 사로잡기 위해서는 적극적인 공감적 경청을 하여야 한다.

> 이청득심(以聽得心) : 귀를 기울여 잘 들으면 사람의 마음을 얻을 수 있다.

대인관계에 능하다

비즈니스의 핵심은 대인관계이다. 학교 다닐 때 공부 잘하고 똑똑한 사람이 사회에서 성공할 수 있는 확률은

15%인데 비해 대인관계를 덕스럽게 잘하는 사람이 성공할 확률은 85%나 된다.

비즈니스의 핵심은 인간관계이다. 좋은 인간관계일수록 네트워크 지속성이 뛰어나며 좋은 인간관계는 평상시에 만들어가는 것이다.

대인관계의 기본은 신뢰이며, 신뢰의 기본은 믿음과 약속에서 형성된다. 또한 상대방에 대한 배려와 이해, 섬김과 정성이 신뢰를 구축한다.

인(人)테크 시대는 인맥관리 시대를 말한다. 최고의 대인관계는 인맥관리에서 만들어진다.

변화에 민감하며 잘 적응한다

변화는 아무리 강조해도 지나침이 없다. 변화하는 환경에 맞게 변화하는 것이 현명한 사람이다. 변화는 이 시대를 살기 위한 생존전략이다.

'창조화 시대'에는 상황이 어떻게 변화될지 정확하게 추측하기가 힘들다. 그래서 쉽없는 자기계발을 통하여 시시 때때로 변화되는 것들에 대한 상황대처 능력을 키워야 한다.

자기관리가 철저하고 시간관리를 잘한다

자기관리를 잘하는 사람이 프로이며, 프로는 항상 자기관리에 최선을 다한다. 시간 관리를 잘하는 사람이 진정한 프로다. 시계는 돈 주고 살 수 있지만, 시간은 억만금을 주고도 살 수 없다.

정리정돈을 잘한다

성과를 내는 조직과 개인일수록 일하는 주변 환경이 깨끗하다. 정리, 정돈, 청소, 청결을 잘하면 일의 능률이 오르고 좋은 성과를 창출할 수 있다.

벤치마킹을 잘한다

벤치마킹은 또 하나의 기술이고 전략이다. 벤치마킹을 통하여 습득한 정보를 가공하여 나에게 맞게 창조해야 한다.

끈기가 있다

끈기는 인내심이다. 인내심이 많은 사람일수록 포기하지 않는다. 세상에 어떠한 일도 쉽게 이루어지는 것이 없다. 끈기를 갖는다는 것은 포기를 하지 않는다는 것이다.

체념과 포기의 차이는 체념은 하고 있는 일에 대해서 깊은 깨달음 끝에 스스로 거두는 것이지만 포기는 하던 일을 중도에 그만 두는 것이다.

Never, Never, Never, Never give up!
절대로, 절대로, 절대로, 포기하지 말라. 절대로!

— 처칠

가치 있게 일한다

자신과의 싸움에서 이기는 것을 말하며, 자신과의 싸움에서 이기는 사람이 가치 있는 사람이다.

자신감과 책임감이 강하다

자신감은 자부심을 형성하며 책임감은 주인정신을 갖게 한다.

Best Man과 Worst Man의 가장 큰 차별점은 자기행동에 책임을 지느냐, 안 지느냐 이고, 자기 행동에 책임을 지는 사람은 Best Man, 책임을 지지 않고 변명만 하는 사람은 Worst Man이다.

협력을 잘한다

협력을 잘할수록 협동심과 협력자가 생기고, 협력자가 많아야 인정을 받는다.

자기 하는 일을 즐긴다

머리 좋은 사람이 즐기는 사람을 이길 수가 없듯이 자기 일을 즐기는 사람은 아무리 어려운 일도 긍정적으로 생각하며 일하는 사람이다.

성과지향적으로 일을 한다

열심히 하는 것보다 잘하는 것이 더 중요하다. 이 시대의 진정한 프로들은 성과지향적으로 일하는 사람이다.

유머를 잘 활용한다

유머는 분위기를 바꾸고 성과창출을 도모한다. 적절한 유머는 활력소가 될 뿐 아니라 성과를 내는 에너지이다. "행복해서 웃는 것이 아니라 웃으니까 행복해 진다."라는 말이 있듯이 진정한 프로는 유머를 통해 주변 사람들에게 기쁨과 웃음을 전하는 사람이다.

도요타 자동차의 개선을 위한 4S

도요타 자동차의 경영 마인드에 도요타가 개선(改善)의 출발점으로 삼는 4S가 있다. 일의 능률이 깨끗한 환경과 정리정돈이 잘 되는 데서 시작된다는 뜻이다.

세이리(Seiri)　　　　정리(整理)
세이돈(Seiton)　　　 정돈(整頓)
세이소(Seisou)　　　 청소(淸掃)
세이게츠(Seiketsu)　 청결(淸潔)

준비의 중요성

 준비를 잘하는 것은 그만큼 완벽하게 일을 할 수 있다는 것이다. 철저한 준비야말로 자신감을 갖게 한다.

 미국 16대 대통령 링컨은 "나에게 나무를 자를 수 있는 시간을 8시간 준다면, 제일 먼저 6시간을 도끼날을 가는 데 사용하겠다"라고 하였으며,

 세계적인 소프라노 조수미는 "항상 무대에 서지만 그때마다 떨리고 흥분해요. 연애하는 감정과 비슷해요. 관중과의 연애지요. 가장 아름다운 모습을 보여줘야겠다고 자신을 꾸미는 장면을 떠올려 봐요. 무대에 서면 제가 모르는 힘이 나와요"라고 했다.

 두 가지 예는 그만큼 철저하게 준비한다는 뜻이며, 비즈니스에서 철저한 준비는 자신감을 갖게 한다.

브리태니커 회사의 직원 신조

영국에 세계 최고의 백과사전을 만드는 '브리태니커' 회사가 있다. 이 회사 직원들의 신조는 다음과 같다.

나는 적극적이다. (I'm positive.)
나는 합리적이다. (I'm rational.)
나는 부지런하다. (I'm diligent.)
나는 끈기가 있다. (I'm persistent.)
나는 목표가 있다. (I have a goal.)
나는 나의 능력을 믿는다.
　　　　　　　　(I believe in my ability.)
나는 나의 일이 자랑스럽다.
　　　　　　　　(I'm proud of my work.)
나는 나의 일로 나라에 공헌한다.
　　　　　　　　(I serve my country by my work.)

나의 최면

 하루를 시작하면서 최면을 걸고 시작하는 사람과 그렇지 않은 사람은 결과 측면에서 다를 수밖에 없다. 하루를 시작하면서 나만의 최면을 걸고 시작하자.

1) 나는 최고다.
2) 나는 할 수 있다.
3) 나는 내가 좋다.
4) 나는 내 일이 좋다.
5) 나는 나와 내 가족을 위해 최선을 다한다.

성공을 위한 행동계획

태도

- 낙천적이고 유쾌한 사람들과 어울린다.
- 항상 밝은 표정과 힘찬 목소리로 먼저 인사한다.
- 목소리는 한 톤(Tone) 높게 응대한다.
- 긍정적인 'YES맨'이 된다.
- 거울을 보며 웃는 연습을 한다.
- 상황에 맞는 유머를 활용한다.
- 부정적인 사람은 피한다.
- 미래 지향적인 사고를 갖는다.
- 낙천적인 성격을 가지려고 노력한다.
- 자기계발을 위해 관심분야의 책을 많이 본다.
- 하루에 세 번 감사하는 마음을 갖는다.
- 자신에게 하루 한 번씩 질문을 한다.
- 자신에게 긍정적인 삶을 살겠다고 스스로 암시한다.
- 나는 우리 가족의 얼굴이므로 밝게 생활한다.

- '나는 내가 좋다'를 한 번씩 크게 외친다.
- 성공한 사람들의 긍정적 '태도'를 본받는다.

신뢰

- 사소한 약속이라도 반드시 지킨다.
- 믿음과 신뢰를 바탕에 두고 생활한다.
- 내 자신에게 솔직해진다.
- 지키지 못할 약속은 하지 않는다.
- 언행일치를 생활화한다.
- 일관성 있는 태도를 보인다.
- 실수는 인정하고 두 번 다시 반복하지 않는다.
- 위 사항을 기록하여 매일 한 번씩 읽고 하루를 시작한다.

시간 활용

- 작은 일부터 실천한다.
- 주간 행사, 월간 행사를 미리 계획한다.
- 주어진 시간은 '신이 주신 최고의 선물'이라는 마음가짐으로 즐겁게 생활한다.
- 시간 관리를 철저히 한다.

- 시간을 함부로 낭비하지 않는다.
- 일의 우선순위를 정해 빈틈을 없앤다.
- 계획한 것들을 실천하기 위해 계획표를 작성한다.
- 모든 일에 10분 먼저 행동한다.
- 10분을 더 투자하는 마인드를 확립한다.
- 주어진 시간은 최대한 활용한다.
- 오늘 일을 내일로 미루지 않는다.

마인드 구축

- '나도 할 수 있다'라는 자신감을 고취한다.
- 긍정적인 마음가짐을 갖는다.
- 적극적인 자세로 임한다.
- 나도 존중받기 위하여 상대방을 존중한다.
- '최고'가 되기 위해 우선 나 스스로를 사랑한다.
- 안일한 생각을 버리고 항상 새로운 마음가짐으로 하루하루를 맞이한다.
- 알고 있는 것을 실제로 실천하여 나태한 습관을 개선한다.
- 실행하지 못 할 거대한 계획보다 사소한 계획이라도 꼭 실행한다.

- 위의 내용들을 직접 행동으로 옮겨 실천하며 모든 일에 열정을 다하여 즐거운 마음으로 살아간다.

승리자가 되기 위한 실천요소
- 승리자를 주위에서 찾은 뒤 그 사람의 장점을 본받는다.
- 승리자와 함께 할 수 있는 공통분모를 마련한다.(모임, 동호회 활동, 애경사 참여)
- 성공한 승리자와의 만남을 위해 항상 시간을 할애한다.
- 승리자의 가족과 함께 할 수 있는 시간을 준비한다.
- 승리자와의 대화를 통해 꾸준히 나 자신을 변화시킨다.
- '나는 승리자다, 나도 할 수 있다'는 긍정적 자기 암시를 수없이 반복한다.

최고가 되기 위한 마음가짐
- 삶의 목표를 확실히 정한다.
- 하루 일과에 최선을 다한다.
- 항시 최고의 컨디션을 유지한다.
- 'NO'라는 말을 사용하지 않는다.

- '나는 최고'라는 자부심을 갖는다.
- 하루를 남들보다 일찍 시작한다.
- '최고'보다는 '최선'을 다한다.
- 성공한 자신의 모습을 그려본다.
- 형식을 버리며 생각 즉시 행동한다.
- 현재 내가 하고 있는 일을 사랑하며 즐긴다.
- 상기 열거된 항목보다 단 한 가지라도 더 '실천'하고자 하는 마음을 갖는다.

지식이 100일지라도 행하지 않으면 1이요,
지식이 1일지라도 행하면 100이 되며,
아무리 어려운 일도 자주하면 쉽고,
아무리 쉬운 일도 하지 않으면 어렵다.

부록

저자 프로필, 강의 분야, 강의 경력
강의 안내, 강의 사진
추천의 글

신택현

현) T.S 컨설팅 대표
현) ㈜H&C(휴먼앤챌린지) 대표
현) 도서출판 파랑새 대표
현) 한국표준협회 경영전문 위원
현) 대경대학 자동차 딜러과 초빙교수
현) 건설기계신문 칼럼니스트
현) 정보통신 산업진흥원 '이러닝 컨텐츠' 평가위원
현) 경기도 예비사회적기업 전문인력 지원사업 프로보노 위원

* 前 현대자동차 22년 근무(영업/관리/지점장/교수부장)
* 前 현대자동차 전국판매왕 수상(1987, 1991, 1992년)
* 前 현대자동차 최우수 지점장 선정(2005년)

* 아주대학교 교육대학원 졸업(교육학 석사)
* 평생교육사

* 월간 인재경영 〈인쿠르트〉 주관 '2007년 기업교육 명강사 30인' 선정
* (사)한국평생교육강사연합회 주관 '2008년 기업교육 강사부분 최우수상' 수상
* 한국 HRD협회 주관 '2011년 한국 HRD협회 명강사 대상' 수상

저서: 『세일즈엔 부도가 없다』
『성공을 부르는 비즈니스 멘토』

『성공한 직업인들이 들려주는 15가지 지혜』
『세일즈의 모든 것』
『야구로 배우는 자기계발』

홈페이지: http://www.onehrd.com
카페주소: http://cafe.daum.net/sssales (다음카페-세일즈의 모든것)
　　　　　http://cafe.daum.net/smacp (다음카페-미래는 독서다)
연락처: 02)318-0112, 010-3609-1494
e-mail: th1494@hanmail.net
twitter: @th1494

♣"리더십/최고경영자 과정" 강의

1. 경기도 예절교육원 - 학교장의 성공적인 학교경영과 리더십 과정 (2006, 2007년)
2. 제주특별자치도 - change leder, change development 사무관 리더십 과정(2007년)
3. 울산광역시 - 사무관 고객만족 행정리더십 교육 과정(2007년)
4. IBK기업은행 - 고객사 차세대 CEO 과정(2007년)
5. 전남대학교 산업대학원 최고 경영자 과정(2007년)
6. 대구광역시 공무원 - 고객만족 리더 과정(2007, 2008, 2009년)
7. 충남테크노파크 - 최고 경영자 과정 1기, 2기, 4기, 6기(2008, 2009, 2010년)
8. LG전자 - 지점장 워크숍 과정(2008년)
9. 현대 삼호중공업 - 협력업체 관리자 리더십 과정(2008년)
10. 서울 양천구 상공회 - 최고 경영자 과정(2008년)

11. 현대 삼호중공업 협력업체 - 생산현장 핵심인재 리더십 과정(2008, 2010년)
12. 현대 삼호중공업 - 협력업체 CEO 과정(2009년)
13. 서울 서대문구 상공회 - 최고 경영자 과정(2009년)
14. 청주 상공회의소 - 최고 경영자 과정(2009년)
15. 수원시 자원봉사단체 협의회 - 섬김 리더십 과정(2009년)
16. 아모레 퍼시픽 - 전국 특약점 CEO 과정(2009년)
17. 서울우유 - 전국 지사장 리더십 교육(2009년)
18. 현대 미포조선 협력업체 - 생산현장 핵심인재 리더십 과정(2010년)
19. 인천 송도테크노파크 - 최고경영자 과정 2기, 3기(2010년)
20. 서울 중구 상공회 - 최고 경영자 과정(2010년)
21. 경희대학교 행정대학원 - 최고위 과정(2010, 2011년)
22. 광주경영자 총협회 - 최고 경영자 과정(2010년)
23. 군산대학교 경영행정대학원 최고 경영자 과정(2010년)
24. 한국산업단지공단 경인지역본부 산업기계부품 CEO 특강(2010년)
25. 한국산업단지공단 경인지역본부 정보융합부품 CEO 특강(2010년)

♣"변화/혁신/자기계발/프로정신 과정" 강의
1. 국세청 - 상담기업/커뮤니케이션 과정(2006년)
1. S&T 대우 21C GLOBAL 전문인력 육성 과정(2006년)
2. 경기예절교육원 - 변화/혁신/리더십 과정(2006, 2007, 2008년)
3. 건설교통부 - 변화/혁신 과정(2006, 2007, 2008년)
4. 경북 예천군청 - 공무원 변화/혁신 과정(2006년)
5. 강원도 정선군청 - 공무원 변화/혁신 과정(2006년)
6. 전라북도 공무원 - 변화/혁신 과정(2006년)

7. 북부산 세무서 - 변화/혁신 인성교육 과정(2006년)
8. 두산인프라코어 - Life plan 생애설계 과정(2006, 2007, 2008년)
9. 농림수산 식품부 - 변화/혁신 과정(2007, 2008년)
10. 대구광역시 - 혁신역량 리더 과정(2007, 2008년)
11. 한국대학생 인재협회 - 자기관리 향상 과정(2007년)
12. 글락소 스미스클라인(GSK) - Life plan 변화/혁신 과정(2008년)
13. 삼성전자 - 과장 승진자 과정 변화/혁신/리더십 과정(2008년)
14. 서울우유 - 관리자 능력향상 과정(2009년)
15. GS넥스테이션 - 과장 승진자 과정(2009, 2010년)
16. 한국농업경영인 중앙연합회 - 변화/혁신 자기계발 과정(2009, 2010년)
17. 아모레퍼시픽 - 변화/혁신/도전 특약점장 경영자 과정(2009년)
18. KD운송그룹 - 역할인식과 프로정신(2010년)

♣"영업/마케팅 성과향상 과정" 강의
1. 르노삼성 자동차 - 지점장 에어리어마케팅 과정(2006, 2007, 2008년)
2. 바이온텍 - 전국 지사장 영업력 향상 과정(2006, 2007년)
3. 신용보증기금 - 영업전략 과정(2007년)
4. 쌍용자동차 - 영업소 운영 핵심전략 과정(2007, 2008년)
5. 경기중소기업 지원센터 - 영업인재 육성전략 과정(2007년)
6. GS칼텍스 - 마케팅 이해와 해결방안 과정(2007년)
7. 렉서스자동차 - 프라임모터스, 남양렉서스, 삼양모터스(2007, 2008년)
8. 현대 하이스코 - 마케팅 기법 과정(2008년)
9. LG전자 - 마케터 향상 과정(2008년)
10. KT - 영업입문 과정(2008년)
11. LG상사(KCV IBACO) - 지점장 전략 과정(2008년)

12. 서울시 상공회 - 매출증대를 위한 프로세일즈 향상 과정(2008, 2009, 2010, 2011년)
13. 서울시 상공회 - 영업력 강화를 위한 핵심 전략 과정(2008, 2009, 2010, 2011년)
14. 시흥시 상공회의소 - 영업력 강화를 위한 핵심 전략 과정(2008년)
15. 한국표준협회(KSA) - 영업사원 능력향상 과정(2008, 2009, 2010년)
16. 한국표준협회(KSA) - 영업리더 능력향상 과정(2008, 2009, 2010년)
17. 서울시 서대문구 상공회 - 마케팅 상담역 수행(2009년)
18. 경기 카네기 평생교육원 - 성공영업 전략 과정(2009년)
19. 홍가원 - 세일즈 MBA 과정(2009년)
20. 아모레퍼시픽 - 영업리더(특약점 사장) 교육(2009년)
21. SKC 솔믹스 - 영업전략 과정(2009, 2010년)
22. 한국표준협회 JUMP 교육 - 첫 만남! 신뢰를 얻는 세일즈 매너 (2009, 2010년)
23. 한국표준협회 JUMP 교육 - 불만제로! 충성고객 확보전략(2009, 2010년)
24. 한국표준협회 JUMP 교육 - 영업의 힘! 상담&협상 스킬(2009, 2010년)
25. 경기 화성상공회의소 - 성공영업 마케팅 과정(2010년)
26. 경기 평택상공회의소 - 영업전략 과정(2010년)
27. 대한지적공사 - 영업력 향상 및 상담스킬(2010년)
28. 부산, 진해 경제자유구역청 - 영업전략 핵심 과정(2010년)
29. 인천 종합일자리 지원센터 - 영업관리자 양성교육(2010년)
30. 인천대 산학협력지원센터 - 성공적 시장진입을 위한 영업MBA(2010년)
31. 계양전기 - 영업MBA 과정(2011년)

현대삼호중공업 협력사(CEO 리더십 교육)

현대미포조선 협력사(리더십 교육)

광주경영자 총협회 CEO(환경변화와 자기혁신 교육)

KD운송그룹(변화 혁신교육)

한국표준협회(충성고객! 불만제로 영업)

계양전기(영업MBA 화상교육)

한국산업단지공단 CEO(소셜네트워크 교육)

송도테크노(제3기 글로벌 CEO 교육)

추천의 글

이 책은 수없이 많은 시간을 일에 투자하며 쉼 없이 달려가는 우리들에게 자기계발을 통하여 미래를 어떻게 준비할 것인가에 대해 구체적으로 제시하고 있다. 또한 자신의 변화가 세상을 변화시킬 수 있는 원동력이라는 것도 가르쳐주고 있다.

(주)홍가원 대표 정순향

하루하루 변하지 않으면 도태되는 경쟁의 시대에 이 책은 인생 단막의 정확한 지표가 될 수 있는 나침반 역할을 하고 있다.

경기화성 태안농업협동조합 조합장 김세제

이 책은 변화를 두려워하고 현실에 안주하려는 많은 사람들에게 자신감을 갖게 하고, 프로가 될 수 있는 방향을 설정해주고 있으며 인생의 확실한 목표를 갖게 하는 멘토다.

한국농업경영인 중앙연합회 위원 황진열

"인생에서 목표 없이는 도전도 없고 성취할 것도 없다!" 본서에 나오는 이 한마디는 세상을 살아가는 모든 사람들이 결코 간과해서는 안 될 명언이다. 그런 의미에서 『야구로 배우는 자기계발』은 성공적인 인생을 도전적으로 가꾸어가고자 하는 이 시대 모든 직장인에게 인생 성공 방정식을 명쾌하게 제시해 주는 멋진 자기계발 지침서다.

한국비즈니스컨설팅(주) 글로벌사업본부장 박승현

지극히 사소한 것이 게임의 승부를 결정하듯이, 이 책은 인생이라는 게임에서 우리 자신이 주인공이 되어 박진감 넘치는 승부를 펼치기 위해

경기의 흐름을 빨리 인지하고 자신의 자리에서 책임을 다하는 프로가 되는데 많은 도움을 주고 있다.

계양전기 전략기획팀장 나승유

책을 읽는다는 것은 저자의 경험과 생각을 벤치마킹하여 나만의 고유하고 창조적인 작품을 만들기 위함이다. 신택현 대표의 『야구로 배우는 자기계발』은 저자의 경험을 중심으로 간결하게 쓰인 성공 바이블이며 이 시대를 살아가는 우리들에게 성공의 열쇠이다.

행복한 인생 창조원 원장 조성용

멋지게 한방을 날린 후 1루를 거쳐, 2루, 3루, 마지막 홈까지 온힘을 다해 숨 가쁘게 뛰듯, 첫 장에서 시작된 긴장감은 마지막 장을 덮을 때까지 이어졌다. 이 책을 통해 느슨하고, 즉흥적인 태도 대신 변화의 시대에 맞는 빠른 전략구사로 다이나믹하고 승률 높은 인생게임에 다시금 도전해본다.

기아자동차 CS기획팀 이수미

아무리 해박한 지식과 많은 경험을 가지고 있어도 현재의 트렌드를 읽지 못하면 인정받을 수 없다. 이 책을 읽으며 지금부터라도 하루하루 안주하는 삶이 아닌 끊임없이 자기계발을 통해 실천하는 삶을 살아야겠다고 다짐해본다.

캐세이패시픽항공 스튜어디스 장애리

달리기를 하다 잠시 멈춰 서서 운동화를 고쳐 신듯, 이 책을 보며 현실에 안주했던 스스로를 돌아보는 계기가 되었으며 가슴 두근거림을 느낄 수 있었다.

삼성전자서비스 강사 김순영